14歳からの新しい音楽入門

どうして私たちには
音楽が必要なのか

久保田慶一
Kubota Keiichi

Stylenote

はじめに

　この本は、中学生や高校生以上の年齢の方に読んでもらうために書かれた音楽の入門書です。最初にどうして中学生や高校生の方から読んでもらいたいと思ったのか、その理由を説明します。

　中学生の方は義務教育の段階にあるので、学校ではすべての生徒が音楽科の授業で音楽を学んでいます。高校生になると、芸術科目のなかの選択科目になるので、全員というわけではありませんが、半分くらいの生徒が音楽を学んでいるでしょう。そして音楽の授業以外に、課外活動で合唱や吹奏楽などの音楽活動に専念しているという生徒も、少なからずいるでしょう。高校を卒業したあとも、音楽大学や専門学校に進学して、専門家になるための教育を受けるという人もいるかもしれません。またそれ以外の大学や専門学校に進学してからも、クラブ活動として音楽活動を継続している人もいるでしょう。しかしさらに年齢が進み、大学や専門学校を卒業して、なんらからの職業に就いてからも、音楽活動を続ける人はどれぐらいいるでしょうか。残念ながらあまり多いとはいえません。

　こうして小学校や中学校では全員が音楽を学んでいたわけですが、年齢が上がるにつれて、音楽活動をする人は減少していきます。これは当然のことかもしれませんが、その反面で、中学校や高等学校で合唱や吹奏楽の課外活動をしている生徒の数は、かなりの数になると思います。それに比べると、大人になってからも音楽活動を継続している人の数が、極端に少ないといえるかもしれません。筆者もこれまで企業内音楽団体や市民音楽団体の活動を調査してきましたが、活動に参加する人たちの少ないことに驚かされることが何度もありました。これだけ中学校や高等学校で合唱や吹奏楽が盛んな国なのに、どうして成人や社会人で音楽活動を継続している人が少ないのでしょうか？　そのひとつの答えとして到達したのが、音楽活動を中学校や高等学校での活動に限定してしまって、自分自身の「生涯学習」の一部として理解する土壌が育っていないからではないかということでした。最近では「ママ・ブラ」といって、かつて吹奏楽で演奏していた女性が、結婚して子育てが一段落してから、音楽活動を再開するケースも増えていますが、まだごく一部の人たちに限られています。

　この本は、今現在、学校で音楽を学んでいる人、特に、課外活動や部活動とし

ての音楽活動に熱心に取り組んでいる人のために、卒業後も、そして大人になってからも、音楽活動を継続してもらいたい、あるいは音楽のよき鑑賞者になってもらいという思いから、執筆しました。

　音楽を学ぶ、音楽を演奏する、音楽を聴くということを、学校で学んでいる時期だけでなく、生涯に渡って継続してもらうために、さまざまな視点から音楽を考察しています。人が学校での教育そして社会人になってからの職業経験を通して人間として成長するように、音楽の学習や活動を通しても、人間としての成長を実感してもらい、また成長してもらいたいと願っているからです。

　本書では、学校の音楽の授業で学ぶことの多いクラシック音楽の理論を基礎にして、話をしています。クラシック音楽は苦手という方もいるかもしれませんが、J-POPなどのポピュラー音楽の基礎にあるのも、実はクラシック音楽の理論なのです。音楽として共通の基盤をもっているのです。そういう意味で、本書は広く音楽の入門書といえるでしょう。

　また本書で示したことは、筆者のこれまでの音楽の学び方であり、音楽の聴き方ですが、これを参考にして、あるいはきっかけとして、いろんな本を読み、いろんな演奏を聴き、そしてご自身の音楽活動を継続していただければと思っています。

　セクションの各節で説明される内容は、他のセクションとも密接に関連していますので、各節の最後に 参考 で関連する節を示してあります。興味のある方は、そちらに読み進んでもらってもいいと思います。

　各節の最後には GG キーワード 項目として、その節で重要となったキーワードを示してありますので、言葉の意味が理解できているかを確認してください。そして必要に応じて、巻末の「音楽基礎用語」を参照すれば、理解も深まるでしょう。また同じく巻末には楽典の基礎と本書で説明した内容を音楽史的に整理してあります。関心のある方は、楽典や音楽史の本をさらに読み進めていただければと思います。

　新型コロナウイルス感染はまだ終息の見込みはなく、2021年以降の世界がどのような状況になるのかも想像がつきません。しかし先行きが不透明な時代だからこそ、自分自身を大切に、そして自分自身の心を豊かにして、社会人として、そして人間として成長してください。そして「あなたの」音楽をその成長の糧のひとつにしてください。

これは中学生や高校生といった若い方々だけへのメッセージではありません。自分自身への励ましの言葉であり、大人も含めた、すべての方々に対する切なる願いでもあります。

2021 年 7 月

久保田慶一

第 3 刷によせて――

　本書を刊行した 2021 年 7 月には第 32 回夏季オリンピックが 1 年遅れで開会されました。しかし同じ頃第 5 波のコロナ感染が拡大しつつあり、その一方でワクチン接種も本格化するなど、混沌とした時期だったように思います。この文章を書いている今現在 2023 年 6 月では、コロナウィルス感染症が 5 類感染症に移行されるなど、日常生活も徐々にコロナ前に戻りつつあります。しかし人の眼には見えないウィルスが、日本社会のこれまで見えてこなかった現実を明らかにしたように思います。経済的格差など社会を分断しているさまざまな格差、医療や保健に関する行政の問題、エッセンシャル・ワーカーの恵まれない待遇などは、コロナがあぶり出した現実の一面でしょう。ポスト・コロナの社会が今後解決していかなくてはならない課題でしょう。音楽などの芸術活動がこうした課題の解決にどのような貢献ができるかを考えることが必要ではないでしょうか。

　世界に目を転じれば、2022 年 2 月にロシアの軍隊がウクライナに侵攻し、戦争状態になりました。今現在も戦争終結の兆しも見られず、ウクライナ南部ヘルソン州のカホフカ・ダムが決壊し下流域で被害が拡大しています。世界の音楽界ではステージに立てなくなったロシア出身の音楽家たちがいます。国家と個人、音楽と政治など難しい問題がわれわれに突きつけられているように思います。

　本書がこうした問題や課題について考えるきっかけとなり、またヒントを与えるものであることを期待しております。

2023 年 6 月

久保田慶一

目次

セクション0

「音楽って何だろう？」

本書は「音楽入門書」ですので、「音楽って何だろう？」という問いかけに答えることも、筆者の役目のひとつでしょう。しかし「音楽とは何ですか？」と問われて、「これが音楽です」とすぐに答えるのは難しいでしょう。そこで、この問いに答えるために、少し違った問いかけをしてみたいと思います。「あなたにとって音楽とはどのような存在ですか？」こう問いかけてみると、どうでしょう。そうすると、いろんな答えが返ってきそうです。例えば、音楽家であれば、「私にとって音楽とは生きていくための手段です」と答えるかもしれません。しかしこれは特殊な場合でしょう。一般的には、「私にとって音楽とは心の支えです」とか、「心をなぐさめ、勇気を与えてくれるものです」とか、合唱や吹奏楽などを体験したことのある中学生なら「クラス全員の心をひとつにしてくれるものです」などの答えが、返ってくるかもしれません。

　クラシック音楽を聴くことが好きな人にとっては、音楽といえば「クラシック音楽」であって、ヒップホップの音楽は、存在は知っているし一度や二度は聴いたことがあるかもしれないが、その人の「音楽」のなかには入ってこないでしょう。これとまったく同じく、ヒップホップの音楽を日常的に聴いている人にとっては、クラシック音楽や日本の伝統音楽は、音楽であることは知っているが、その人の「音楽」のなかに入っていません。「音楽とは何ですか？」という問いへの答えを難しくしている理由のひとつは、音楽というものが、人それぞれに理解され、好きか嫌いかの区別ではなく、自分にとってはぱっと思い浮かぶ音楽だけれども他人にとっては音楽ではないかもしれないということを、本人もあまり意識することがなくて、とにかく、音楽といえるかいえないかという範囲すらも、人によってまちまちであるという点です。

　では、「音楽は何からできていますか？」という問いはどうでしょうか？多くの人は「音からできています」と答えるでしょう。そうなると、「鳥のさえずりは、音楽ですか？」、「川のせせらぎは音楽ですか？」といった、いじわるな質問もしたくもなります。最近の研究ではメロディーをさえずる鳥もいると報告されたりしていますし、川のせせらぎを聴くと、美しい音楽を聴いているような気分にもなります。人それぞれの音楽があったよ

うに、音楽を成り立たせている音も、決して楽器の音や人間の声だけでないのかもしれません。

　複数の人が同じ場所で同じ音を同時に聴いている状況を、想像してみてはどうでしょうか。これらの人は、「同じように」音を聴いているでしょうか。それを確かめるのは難しいでしょう。脳の働きを調べる装置、fMRI（機能的磁気共鳴画法）を使えば、脳のどの部分が活性化しているのかを調べることができますが、たとえ脳の同じ個所が活性化されていたとしても、同じように音を聴いているかどうかはわからないからです。実際に同じ音を聴いているわけですが、同じように聴いているわけではないのです。

　映画やドラマを見ていると、音楽が聴こえてきます。これも確かに音楽ではありますが、映画やドラマを見ている人は、音楽だけを聴いているわけではありません。ときには登場人物のセリフの声で聴こえなくなることもありますし、セリフを聴こうとすれば、音楽は耳に入らなくなります。しかし音楽がまったくないと、味気ない映画やドラマになってしまうことは十分に想像できるでしょう。学校の音楽の授業でなんらかの曲を鑑賞しているときも、「つまらない曲だなあ」とか、「早く終わらないかなあ」と思ってしまうと、上の空になり、耳の鼓膜までは届いているが、音楽は意識していないということにもなるわけです。そこに音楽があるのに、同時に、音楽がないという、あいまいな状況にあるといえます。

　このようなことを考えると、「音楽って何だろう？」という問いかけも、あまり意味がないように思えてきます。少なくとも「音楽とは○○です」というひとつの答えだけを求めるのは、どうやらむだなことのようです。「音楽って何だろう？」という疑問を解くためのさまざまな問いかけとさまざまな答えを前にして、どのように音楽に向き合っていけばいいのでしょうか。何か共通する、あるいは普遍的な見方はないのでしょうか。

　私たちの世界は、自然と人間、そして人間が自然から作り出したものからできているといえるでしょう。人間そのものも自然の産物で、死んでし

まえば、土に返り、原子の状態に戻り、また何かの物質になって世界を構成します。もちろん何万年あるいはそれ以上の長い時間を必要としますが。

音楽を構成する音も、自然の産物です。音という現象も自然現象ですし、電子楽器は別として、ほとんどの楽器が木、動物の皮や毛、金属など、自然のものから作られています。

音を作ったり、出したり、そして音を聞くのは、人間です。自然の音にしても楽器の音にしても、人間がそれを音として聞かない限り、音として存在することはありません。人間の意識が世界を構成していると考えられるのはこのためです。音楽を聴く場合には、音楽という現象とそれを聴く人間の意識という、ふたつの世界が、音楽を聴くという時間の経過のなかで関係しあいます。

音や音楽が存在するには、人間の存在が必要であるといいましたが、その逆に、音や音楽を聴くことによって、人間は自らがこの世界に存在していることを確かめることもできるといえるでしょう。そしてそこに自分と同じような人間、他人の存在をも確認できるでしょう。ひとりイヤホンで音楽を聴いたにしても、その背景にその音楽を作り演奏した人を想像して、自分の目の前にいない他人との音楽を通したコミュニケーションを楽しんでいるといえるでしょう。このようなコミュニケーションが成立する場を、社会と呼んでおきましょう。

自然・人間・社会の3つの関係は、どのような音楽にもいえることです。クラシック音楽であろうと、J-POPであろうと、学校の音楽の授業の音楽であろうと同じです。図で示すと右のようになります。またこのような図式は、あなたが幼児のときも、大人になっても、変わらないのではないでしょうか。

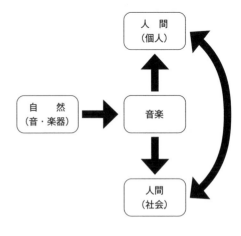

本書は5つのセクションから構成され、それぞれが音楽と自然・人間・社会に対応しています。すなわち、「セクション1　音と楽器のはなし」は自然、「セクション2　音楽のはなし」と「セクション3　楽譜のはなし」は音楽の世界、「セクション4　音楽理論のはなし」は人間の世界、そして「セクション5　音楽と社会」は社会に対応しています。

　これから皆さんといっしょに、音楽について、さまざまな問いかけをして、さまざまな答えを見出していきましょう。こうすることで、あなた自身の音楽は広がり、そして深まっていくでしょう。これから音楽の探究の旅をはじめたいと思います。

セクション1

「音と楽器」のはなし

1．音について

　音がなければ音楽は成立しません。しかし、ただ音が存在するだけでは、音楽にはなりません。このセクションでは、音から音楽が成立するプロセスを考察してみたいと思います。

　音が成立するためには、何か物体が振動しなくてはなりません。その振動が空気などを通して、耳の鼓膜に伝わり、その振動が音として「知覚」され、そして脳で意味のある、例えばフルートの音であると「認知」されるからです。光や熱などの外部からの刺激を身体が感じて、明るさや温かさを感じることを「知覚」と呼び、その明るさや温かさを太陽の光やエアコンによる暖房であるとわかることを「認知」といいます。音についても同じです。「知覚」と「認知」、ふたつの働きをしっかり区別しておきましょう。音楽を聴いているときに他のことを考えてしまうと、少なくとも聴覚器官は音を「知覚」していますが、脳は別の刺激に反応していますので、音楽を「認知」していないのです。

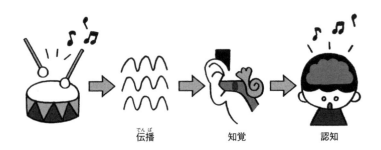

伝播　　　　　　　知覚　　　　　　　認知

　ここで、いくつか基本的なことを確認しておきましょう。

　1つは、物体を振動させるには力（エネルギー）が必要だということです。弦をはじく、太鼓をたたくなどして、エネルギーが加えられることで物体が

振動します。前ページの図で左から右方向への流れは、この最初に加えら
れたエネルギーが形を変えて伝えられる流れであるといえるでしょう。和太
鼓の大きな音を聴いて力強さを感じるのは、最初のエネルギーが大きいか
らで、太鼓の膜の振動は聴覚器官だけでなく、皮膚の表面をも振動させます。

　2つめに、振動する物体はさまざまだということです。弦だったり、声
帯だったり、フルートなどの管楽器では管のなかの空気柱が振動します。
この振動する物体の種類や形状と最初の力（エネルギー）の量によって、
音の性質（音高、音色、音強）が決まるわけです。

　3つめに、この振動が鼓膜にまで伝えられるには媒体が必要です。通常
は空気ですが、液体でも固体でもかまいません。海中のイルカの鳴き声は
海水を通して伝わりますし、さらに胎児は母親の腹膜と羊水を通して、外
界の音、つまり母親が聴いているのと同じ音を聴いています。妊婦さんが
お腹の赤ちゃんに話しかけたり、「胎教」として音楽を聴いたりするのも、
このためです。

　4つめに、音を感じるのは聴覚器官の耳だけではありません。音の本質
は振動ですから、身体の一部にその振動が伝わり、知覚されてそれが音
として認知されればいいのです。ルートヴィヒ・ヴァン・ベートーヴェン
（1770-1827）は耳が聞こえなくなると、耳（耳小骨）にピアノの振動を伝
えて音を感じていましたし、耳の聞こえない演奏家もいます。例えば、ス
コットランド出身の音楽家エヴェリン・グレニー（1965-　）は、12歳のと
きに聴覚を失ったのですが、現在も打楽器奏者として活躍しています。彼
女は身体全体で音を感じてアンサンブルをしますので、床からの振動を感
じるために、演奏する前には必ず靴を脱ぎます。

　5つめは、この音から音楽へのプロセスには、人間の脳が絶対に必要だ
ということです。脳の聴覚野と呼ばれる部分が損傷してしまうと、鼓膜か
ら聴覚神経を経由して脳に信号が伝えられても、音として知覚することが

できなくなるのです。また大脳の一部が損傷することで、たとえ音が知覚されたとしても「音楽」として認知できない「失音楽症 amusia」という障害になることもあります。

　6つめに、先ほどの図には示されていませんが、音や音楽として認知したときに、私たちはすがすがしい音であるとか、重苦しい音であるとか、音を聴くことで何かしら感じます。これを「情動」といいます。例えば、ライオンの唸り声が後ろから聞こえると、人は「恐怖」という情動を生じます。これによって生命の危険を察知して、回避行動をとるわけです。しかし小鳥のさえずりやフルートの音が聞こえてくれば、気持ちのよさを感じます。これはこうした音が、生命を維持したり健康を保ったりするために役に立つ音だからです。

　音楽は人間にとって心地よい音から構成されています。しかしときに、恐怖や憎しみ、悲しみといった情動を喚起する音を使用することもあります。また美しい音楽であっても、聴く人の過去の経験から、否定的な情動が生じてしまう場合があります。例えば、亡くなった人との思い出の曲を聴くと、その人の死に接したときの悲しみを想起してしまうでしょう。このように人は音楽を聴いて情動を喚起されることで、音楽は感情を表現していると考えられるわけです。音楽と感情については、本書のセクション2の「3.『音楽の力』について」で詳しく説明します。

　次に、音の物理的な特徴について説明します。難しいと思われる方は、無理をせずに、「2. 音名と階名について」まで読み飛ばしてもらってもかまいません。理数系の科目に自信のある人はぜひ挑戦してみてください。

　音楽で使用する音は、一般的には、高さ（ピッチ）をもった音です。これを「楽音」といいます。ピアノやフルートの音は楽音です。これに対して高さをもたない音、例えば、太鼓やトライアングルの音は「噪音」と呼びます。

　音の高さを感じるか、感じないかは、物体が周期的に振動するか、しないかによります。「周期的な振動」というのは、次ページの図のように、

山や谷が規則正しく再現する波形
で表現できます。このようにきれ
いな山と谷が周期的に現れる音を
「正弦波（サインウェーブ）」とい
います。音叉をたたいたときに聞
こえてくる音です。「純音」と呼
ぶこともあります。

正弦波（サインウェーブ）

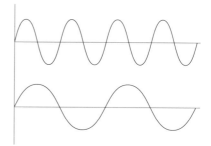

　1秒間に山と谷が何回反復する
のかを示したのが「振動数」また
は「周波数」です。「ヘルツ Hz」という単位を使います。例えば、演奏前
のオーケストラがチューニングする際に、オーボエが基本となる音、イ¹
音（ラの音）を鳴らしますが、この音の高さはオーケストラによっても異
なり、440Hz から446Hz くらいです。

　仮に440Hz だとしますと、1オクターヴ上のイ²音の振動数は880Hz と
なります。これらふたつの音の振動数の比は「440：880」、つまり「1：2」
になっています。このように1：2の振動数の音の隔たり（音程）を「オ
クターヴ」といいます。当然、1：3、1：4というように、整数倍の音
を作ることもできます。このように振動数が整数倍の関係にある音を「倍
音」といいます。

　ピアノやフルートの音の場合、ひとつの音のなかに、無数の倍音が含ま
れています。そしてこれら倍音の混ざり具合によって、音色が決まってく
るわけです。さらに山や谷の高さや深さの大きさによって、音の強さある
いは大きさが決まります。

　以上で、音の高さ、音色、強さを説明しましたが、これらが「音の三要素」
と呼ばれるものです。

　次ページの楽譜を見てください。倍音を一列に並べたもので、倍音列と
いいます。譜例では低いドの音を基本（この音を「基音」といいます）に
した倍音が記されています。音符の上につけられた数字は、その高さの振

動数が基本音の振動数の何倍であるか、つまり第○倍音であるかを示しています。

　上の数字はとても便利です。例えば、第1倍音と第2倍音はオクターヴの関係になっていて、上の数字がそのまま振動数比の前項と後項になります。つまり第1倍音のハ音と第2倍音のハ¹音の振動数は1：2となるわけです。次の第2倍音と第3倍音（ハ¹／ト¹）は2：3となり、5度という音程をつくるふたつの音の振動数比は2：3であることがわかります。同様に、第3倍音と第4倍音の4度（ト¹／ハ²）は3：4、第4倍音と第5倍音の（長）3度（ハ²／ホ²）は4：5となります。音楽理論で必要となる比は、ここまでです。もう一度整理しておきます。

倍　音	振動比	音名 （上記の譜例の場合）	音　程
第1⟷第2	1：2	ハ ⟷ ハ¹	8度
第2⟷第3	2：3	ハ¹ ⟷ ト¹	5度
第3⟷第4	3：4	ト¹ ⟷ ハ²	4度
第4⟷第5	4：5	ハ² ⟷ ホ²	（長）3度

　これらの数比が単純であればあるほど、ふたつの音はよく「協和」します。また音どうしの関係もより強くなります。例えば、クラシック音楽で、第1倍音と第2倍音のオクターヴ、第2倍音と第3倍音の5度の音程あるいは関係が重要となるのも、このような理由からなのです。オクターヴから5度を引いた音程、つまり、オクターヴを5度のところで分割したときの残りの音程が4度です。

例えば、8度はドから上のドまでなので、下のドからソまで数えると5度になり、ソから上のドまで数えると4度になります。ソを2回数えているので、8度引く5度は3度ではなく4度になります。また、ドからソまでの5度を数えてから、ドを1オクターヴ上にあげて、ソから上のドまで数えると4度になります。

　ここから5度と4度の音程は同じ働きをすると考えます。したがってクラシック音楽で大切な音程は、オクターヴと5度（4度）の音程ということになるでしょう。

　またこれらふたつの音程は、自然にある無数の音から音楽で使用する音を選ぶ（これを「音律」といいます）際にも重要な役割をします。弦楽器の（開放）弦が5度あるいは4度の間隔で調弦されているのも、決して偶然ではないのです。

ヴァイオリン

ヴァイオリンの4本の開放弦の音高

G D A E
ソ レ ラ ミ

　オクターヴと5度（4度）以外に注目してもらいたいのが、第4、第5、第6の3つの倍音です。これらを同時に響かせると、ド／ミ／ソの和音になるからです。この和音を「三和音」、特に第4倍音と第5倍音の音程が長3度であることから「長三和音」といいます。

　この和音が「自然現象」であることはとても重要です。倍音の存在が証明されて自然現象であることがわかったのは18世紀初頭です。ただ、それ以前にも弦の長さの比でもって、協和する音程の背景には比があって、それが単純であればあるほど協和することは知られていました。この単純な数比に表される関係を「調和（ハルモニア）」とも呼びました。ハルモ

ニア harmonia はハーモニー harmony の語源ですが、この言葉が音楽その
ものを意味することも忘れないでおきたいものです。

⸻

© キーワード　知覚と認知、楽音と噪音、倍音と倍音列、振動数比と協和、オ
クターヴと５度（４度）

⸻

参考 「ミュージック」という言葉について（46 ページ）、リベラル・アーツ
としての音楽について（50 ページ）、音名と階名について（20 ページ）

２．音名と階名について

　音楽で使われる音が決まると、今度はひとつひとつの音に名前、つまり
「音名」（ピッチネーム pitch name）をつける必要が出てきます。ピアノの
鍵盤を見てください。現代のピアノでは、白鍵と黒鍵を合わせて 88 の鍵
が並んでいます。指で押さえて音を出す部分を、どうして「鍵」、英語で
は「キー key」と呼ぶのかというと、鍵と同じ梃子の原理を利用した仕組
みだからです。

　鍵穴に鍵を入れて回転させるとその力で鍵先の部分が回転して、より大
きな力となって錠前を開閉します。ピアノだと、鍵を押さえるとその力で

もって、頭にフェルトがついたハンマーを持ち上げられ、弦が打たれるのです。ちなみに、鍵を板状の盤（ボード board）上に並べたものが鍵盤（キーボード keyboard）です。

　これら88個の音のひとつひとつには、名前がつけられています。全部覚えるのは大変だなあと思うかもしれませんが、安心してください。黒鍵の並び方に注目すると、黒鍵には2つと3つのまとまりが繰り返し現れるのがわかります。そして、2つならびの黒鍵のすぐ左下の白鍵から3つならびの黒鍵のすぐ右下の白鍵まで、7つの白鍵がひとまとまりになって、反復されています。さらに黒鍵も含めると、5つの黒鍵と7つの白鍵、合計12の鍵がひとまとまりになって、反復されています。

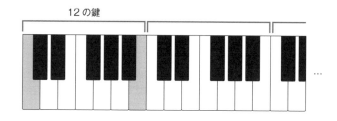

　これら12の連続する黒鍵と白鍵の並びが1オクターヴ内に含まれる鍵（音）です。そのために、例えば、2つの黒鍵の左下の音と、つぎのまと

まりの同じ位置にある黒鍵のそれぞれの振動数の比が、1：2になること
はわかるかと思います。このようなオクターヴ関係にある音はとてもよく
協和するので、ふたつの音は同質であると考えられます。これを「オクター
ヴの同質性」といいます。これによって、音に名前をつける場合には、す
べての音に名前をつけるのではなくて、12の音にだけ名前をつけて、あと
はどの位置のオクターヴに属するのかを、別の方法で示すだけでよいこと
になります。このようにしてつけられた名前を「音名」といいます。

　音名は言語によって異なります。まずは日本語の音名から説明しましょ
う。日本語では、「いろはにほへと」を使います。「ひふみよいむな」を使
う場合もあります。「ひふみよいむな」は「ひとつ、ふたつ、みっつ、よっ
つ、いつつ、むっつ、ななつ」を略したものです。少し古い感じがしますが、
私たちが現在使用している音名は、明治時代初期に誕生したからです。
　どの音に「いろは…」あるいは「ひふみ…」をつけたかというと、白鍵
の音につけました。先ほど7つの白鍵がひとまとまりになって繰り返され
るといいましたが、「いろは…」にしても「ひふみ…」にしても、7文字
しかないのは、このためです。そしてピアノの鍵盤の中央（鍵穴のあるあ
たり）のすぐ左隣にあるまとまりの、2つならびの黒鍵のすぐ左下の白鍵
に、「は」という名前が与えられました。

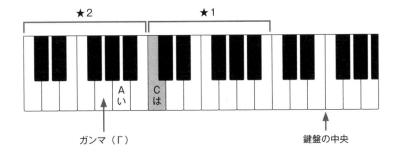

　ここできっと皆さんは、どうして「いろは…」の最初の「い」ではない
のかと、不思議に思われるでしょう。英語では「いろは…」ではなく「Ａ
ＢＣＤＥＦＧ」の7つのアルファベットを使いますが、英語でも同じ位置

にある白鍵は、「Ａ」ではなく「Ｃ」なのです。「い」あるいは「Ａ」という名前をもつ鍵は、さらにふたつ左の白鍵になります。どうしてこういうことになるのでしょうか。

　その理由を知るには、ヨーロッパの中世にまで遡らなくてはなりません。この時代に音楽理論を考えていた人は、キリスト教の教会の礼拝で聖歌を歌っていた修道士たちです。彼らは男性でしたので、当時の聖歌の音域も、ピアノの鍵盤の中央のすぐ左隣にある、つまり低いオクターヴ（前ページの図の★１）に含まれる音が中心でした。ピアノなら左手で弾く音域に相当します。そのために当時の音楽理論では、変声期を終えた男子が出せる一番低い音になる、前述した低いオクターヴよりさらに低いオクターヴ（前ページの図の★２）に含まれる５番目の白鍵が、一番低い音と決められたわけです。そしてこの音にギリシャ語の「Γ」という文字をあてたのです。

　この「Γ」の右隣の音を「Ａ」にして、隣をＢ、Ｃ…、Ｇとしました。そして次からは小文字にしてａ、ｂ、ｃ、ｄ、ｅ、ｆ、ｇとしたのです。このように文字の種類でもって、オクターヴの位置を示します。現代の楽典では、中央のすぐ左隣にある（低い方向に）、２つならびの黒鍵のすぐ左下の白鍵を「c^1」、日本語では「１点ハ」といいます。またこれより１オクターヴ低い音はｃ音、あるいは「は」と表しています。このようにして白鍵の音すべてに名前がつけられました。

　次に黒鍵です。５つの黒鍵はすべてふたつの白鍵に挟まれています。白鍵の音は「幹音」と呼ばれ、黒鍵の音はそこから枝分かれした音、「派生音」と呼ばれます。ハとニのふたつの幹音の間にある黒鍵の音は、ふたつの幹音の派生音になるわけです。右方向に派生する場合には「嬰」、左方向に派生する場合には「変」という漢字をつけます。つまり、ハとニの間にある黒鍵は、「嬰ハ」と「変ニ」というふたつの音名をもつことになります。嬰ハと変ニの音名は異なりますが、実際には同じ音なので、それぞれの音を他方の「異名同音」と呼びます。英語では、ｃに対してｃ♯（シー・シャープ）あるいはｄ♭（ディー・フラット）となります。しかしここで注意しておくことがあります。異名同音であるのは、あくまでも理論上のことであって、実際の演奏では異名同音であるといっても、まったく同じ高さの

音にならない場合があります。オーケストラや吹奏楽などで指揮者が美しい響きを作るために、この音は少し高めに、あるいは少し低めにというのは、異名同音の高さを調節しているのです。

　日本語の音名は英語やドイツ語のアルファベットと共通ですが、フランス語、イタリア語、スペイン語などの言語（これらの言語はラテン語に由来することから「ロマンス諸語」と呼ばれる）では、do（フランス語ではut）、re、mi、fa、sol、la、si という音名を使用します。ここでは日本語で「ドレミ…」とロマンス諸語の「ドレミ…」は半分同じであって、半分同じではないということについて、お話しておきたいと思います。
　「ドレミ…」は 12 世紀頃にグイード・ダ・アレッツォという音楽理論家が考案したものです。聖歌の歌い方を教えるために、ある聖歌の言葉の頭文字から、最初は ut、re、mi、fa、sol、la という 6 つの音節を抜き出して、その音が何番目の音であるかを示したのです。ここがとても大切で、ut、re、mi…は特定の音を指すのではなく、音階のなかでの順位を指したのです。

ドレミ…の起源とされる「聖ヨハネの賛歌」

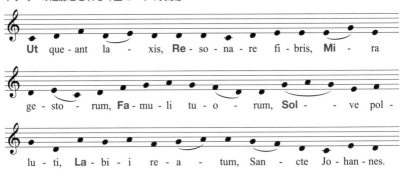

太いグレーのの文字で示された音節がドレミ…となっている。最後の 2 語、Sancte Johannes（聖ヨハネ）の頭文字 S と J から Sj = Si（シ）が作られた。ラテン語の歌詞は「あなたの僕たちが声を響かせて、あなたの奇跡を歌い、彼らの汚れた唇から、罪を拭い去ってください、聖ヨハネ様！」という意味。

　当時は、ハ、ヘ、トからはじまる 6 音音階が使用されていたわけですが、ハからはじまる音階ではハの音が ut、ヘからはじまる音階ではヘの音が ut になったのです。

G. d. アレッツォの時代の音名

音域が上がるにつれて、上の音域の6音音階で読んでいく。つまり、ある音で「読み替え」が行われる。

　ドイツやイギリス、そして日本でも、「ＡＢＣ…」や「ハニホ…」は特定の音を、「ドレミ…」は音の順位を指すという方法がずっと用いられてきました。ハからはじまる長調はハ長調、トからはじまる調はト長調と呼ばれ、音階の最初の音、すなわちハやトはいずれも「ド」と歌われました。このように「ド」と呼ばれる音が調によって移動する歌い方を、「移動ド唱法」といいます。

　しかし第2次大戦後の日本では、多くの町にピアノ教室ができてピアノ教育が普及しましたが、この幼児の音楽教育の現場では「イロハ…」と「ドレミ…」の2種類あるのが複雑であること、また「イロハ…」になじみが薄いことから、ハ長調のドレミ…がそのまま個々の音の名称として使用されるようになりました。そうして、「ドレミ…」で歌っていたト長調の曲も「ソラシ…」と歌うようになったわけです。本来は音階の順位を表していた「ドレミ…」が、特定の音を指すようになったわけです。この結果、ドの音がハの音に固定された、このような歌い方を「固定ド唱法」といいます。「移動ド唱法」と「固定ド唱法」については、次ページの譜例も参考にしてください。

　日本では「イロハ…」は「音名」、「ドレミ…」は「階名」と一応は区別していますが、最近の音楽教育では「固定ド唱法」が中心になっています。そのために、例えば、ト長調の曲を「ソラシ…」と歌いながら、調名はというと、「ト長調です」といわなくてはなりません。イタリア語や

フランス語だと、「sol、la、si…」で歌って、調はソル・マッジョーレ sol maggiore ／ ソル・マジュール majeure でいいわけです。

移動ド唱法と固定ド唱法の相違

移動ド唱法

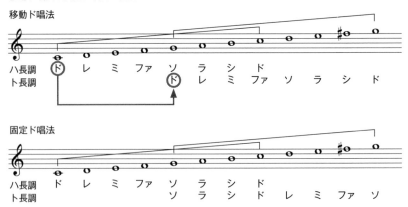

固定ド唱法

　このように、日本では「イロハ…」という音名と「ドレミ…」という階名の両方を使用していますが、同じ「ドレミ…」であっても、これを音名として使用しているフランスやイタリアとは異なるということを、知っておいてもらいたいと思います。フランスではウト、レ、ミ、ファ、ソル、ラ、シ、イタリアではド、レ、ミ、ファ、ソル、ラ、シとなります。どちらがいいとも悪いともいえませんが、少なくとも、日本では階名としてのドレミ…を音名として使用していて、フランスやイタリアで使われているド（ウト）・レ・ミ…とは同じでないことを、しっかりと理解しておくべきでしょう。

　音名として「イロハ…」を使用すると、「1点ハ」といえば、ピアノの鍵盤の中央のハであることが特定できるので便利なのですが、日本式の移動ド唱法である「ドレミ…」だと、「1点ド」と呼んで音域を示すことはありません。もっとも音名として使用しているフランスやイタリアでは、「1点ウト」と表現しています。

　最後に、ドイツ語のロ（シ）の音名がｂではなくｈである、その理由についてお話しておきましょう。中世時代の音楽理論では、半音下がったｂとそのままのｂを区別するために、ｂとｈのふたつのｂを使っていたので

す。前者を「丸いビー」後者を「四角いビー」と呼んでいました。これを
アルファベットで表記する際に、前者はｂでよかったのですが、後者には
形がよく似ているｈが選ばれたのです。そのために現代のドイツ語では、
半音下がったロ音、つまり変ロ音は「b̄」と呼ばれています。

　フラットとシャープやナチュラルなどの臨時的に音を上げ下げする記号
も、実はふたつのbに由来します。つまり、ｂが♭となりｈが♯と♮になっ
たのです。ドイツ語でフラットが「B̄」と呼ばれるのも偶然ではありません。

🔑 キーワード 音名と階名、幹音と派生音、固定ドと移動ド

参考 音について（14ページ）、楽譜について（68ページ）

3．和音について

　日常会話で「ドレミ」という表現と同様によく耳にするのが、「ドミソ」
です。「ドミソの和音」などといったりします。和音（コード）はどうし
て「ドレソ」ではなくて、ひとつおきに「ドミソ」なのでしょうか。「ド
レソ」ではだめなのでしょうか。

　ふたつの音の関係を「音程」といいます。ふたつの音が同時に響いても
連続して響いてもかまいません。前者を「垂直音程」、後者を「水平音程」
という場合もあります。そして3つ以上の音が同時に響く場合に、この音
の塊を「和音」といいます。和音の3つの音が連続して響くと、「分散和音」
といいます。

　音が3つだと「三和音」、4つだと「四和音」と
呼びます。現代音楽では5つ以上の音を同時に響
かせる、「クラスター cluster」という手法がありま
す。クラスターとはブドウの実の房のことです。

クラスター和音の例

一般的には「和音」というと、例えばピアノの白鍵で、ひとつおきの音を３つ同時に響かせる場合をいいます。これを「三和音」ということはすでに説明しましたが、ひとつ注意しておくことがあります。「三和音」の「三」という数字ですが、同時に響く音の数だけでなく、「ひとつおき」に音を選ぶ、つまり一番低い音から数えて３つめの音を選ぶという意味ももっているということです。３つめの音、音程でいえば、３度の音程（３度の音程についてはこのあと説明します）をふたつ重ねた和音を「三和音」と呼んでいるわけです。一般的には、後者のほうの意味で使用することが多いようです。英語では「トライアド triad」といいます。「tri」は３を意味する接頭語です。tri が頭についた言葉には他に、三角形 triangle、三色旗 tricolor、三輪車 tricycle、三角法 trigonometry、三位一体 trinity、トリオ trio、三塁打 triple などがあります。

　音と音との隔（へだ）たり「音程」は、１度、２度、３度と数えます。例えば、ドとミでは、ドを１度、レを２度、ミを３度と数えますので、ドとミの音程は３度になります。ミからソも同じように数えて３度となり、これらふたつの３度を重ねると、ドミソの三和音となります。さらにレを起点にして、レからファ、ファからラと数えて重ねると、レファラの三和音ができます。このように譜例にある、ドからシまでの白鍵上に７つの音を起点にした、７つの三和音ができます。

ハ長調の和音

★が主要三和音。

　ここでもう一度ピアノの鍵盤を見てみましょう。どの音域でもかまいません。ドとミの間と、ミとソの間に、黒鍵も含めて鍵盤がいくつあるかを数えてみてください。

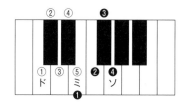

　ドとミの間では鍵盤は5つ、ミとソの間では4つです。ミとソのほうが
1つ少ないのは、ミとファの間に黒鍵がないからです。ここではドとミ、
ミとソは同じ3度ですが、音程が違うということを理解してください。つ
まり、大きな3度と小さな3度があるということです。日本語では大きい
3度を「長3度」、小さい3度を「短3度」といいます。英語では「メジャー
サード major third」、「マイナーサード minor third」といいます。

　同じように、「レファラ」の和音を調べてみると、レとファは短3度、ファ
とラは長3度であることがわかります。ドミソとレファラでは長・短3度
の上下関係が違います。ドミソのように長3度の上に短3度がのっている
和音を「長三和音」、反対にレファラのように短3度の上に長3度がのっ
ている和音を「短三和音」といいます。

　白鍵上にできる7つの和音のうち、6つはこのふたつのいずれかです。
シの上にできる和音だけが、短3度の上に短3度が重なっています。つま
り、一番小さな三和音で、「減三和音」といいます。英語では「デミニッシュ
ド・トライアド diminished triad」といいます。そうなると、一番大きな
三和音もありそうです。これは長3度をふたつ重ねた和音で、「増三和音」、
「オーグメンティド・トライアド augmented triad」といいます。

　以上のように、三和音には4つの種類があります。表に整理しておいた
ので、確認しておきましょう。

種　類	音程の構成	和音の構成音
長三和音	長3度＋短3度	ドミソ、ファラド、ソシレ
短三和音	短3度＋長3度	レファラ、ミソシ、ラドミ
増三和音	長3度＋長3度	例として、ドミソ♯ など
減三和音	短3度＋短3度	シレファ

これら4種類の和音を、ピアノなどの鍵盤楽器で演奏してみてください。長三和音は明るく、短三和音は暗く響くのがわかるでしょう。また増三和音と減三和音は濁った響きがします。最初のふたつの和音を「協和音」、あとのふたつの和音を「不協和音」と呼びます。

　ここでは「ドミソ」を音名として使用していますが、階名として使用するとどうなるでしょうか。そうすると、ドミソの和音は音階の最初の音、ファラドの和音は4番目の音、ソシレは5番目の音の上にできる和音となります。ここから、ドミソの和音を「Ⅰ度の和音」、ファラドの和音を「Ⅳ度の和音」、ソシレの和音を「Ⅴ度の和音」と呼ぶことができます。特にⅠを主和音、Ⅳを下属和音、Ⅴを属和音と呼び、総称して主要三和音といいます。（28ページまたは32ページの譜例を参照）

　Ⅰ、Ⅳ、Ⅴは「ドミソ…」の階名と同じで、和音の順位を示します。調が変われば、実際の和音の音は違ってきます。例えば、ト長調ですと、Ⅰ＝ソ／シ／レ（ト／ロ／ニ）、Ⅳ＝ド／ミ／ソ（ハ／ホ／ト）、Ⅴ＝レ／ファ♯／ラ（ニ／嬰ヘ／イ）となります。

　和音にⅠ、Ⅳ、Ⅴのような和音記号をつけるには、最初に調がわかっていないといけません。調が途中で変わると（これを転調といいます）、和音記号のつけ方も変わります。特に調が変化する前後の和音は、どの調に属するかを決めなくてはいけません。例えば、ハ長調からト長調へ転調する場合、ハ長調のⅠの和音とト長調のⅣの和音は同じ音から構成される和音なので、どちらにも所属する和音と見なされます。このような和音を「軸和音（ピヴォット）」と呼びます。

調	ハ長調		軸和音		ト長調
和音記号	Ⅰ	＝	(ト)(ホ)(ハ)	＝	Ⅳ
機能（働き）	トニック				サブドミナント

　Ⅰの和音はⅠの和音という機能（働き）、つまり、音階の最初の音の上

に作られた三和音の機能（働き）をすると考えるのです。Ⅰの和音の機能（働き）とは、曲をはじめたり、終わったりするという機能（働き）となります。前の図の場合には、「ハホト」の和音はハ長調ではⅠの和音の機能（働き）をするが、ト長調ではそのような働きをしないということになります。音楽理論ではⅠの和音の働きを「トニック」、Ⅳの和音の働きは「サブドミナント」、Ⅴの和音の働きは「ドミナント」と呼びます。

　日本語では「トニック」は「主和音」、「ドミナント」は「属和音」、サブドミナントは「下属和音」と呼ばれています。ここで大切なことは、これら3つの和音の位置関係です。ドミナントはトニックの5度上、そしてサブドミナントは4度上、あるいは5度下に位置するので、トニックの5度上にあるドミナントは「上ドミナント」と呼ばれることもありますので、これで「下ドミナント」、つまり「サブドミナント」がトニックの4度上というよりは、5度下の和音と理解されていたということがわかります。つまり、ふたつのドミナントはトニックに対して互いに5度関係にあり、倍音列におけるのと同様に、トニックとドミナント、あるいはトニックとサブドミナントは互いにとても強く関係しあっているわけです。

　数学で関数を勉強したことがあると思います（これから勉強する人もいるかもしれませんが）。例えば、$y = 2x$ などです。これを一般化して $y = F(x)$ と表現したりします。関数のことを英語で function といいますが、音楽でも「機能（働き）」を function と呼んで使っています。ここで説明したような機能の視点から和声を考察するやり方を、「機能和声（法）」といいます。英語では functional harmony です。和音、調、機能（働き）の三者の関係を「$y = F(x)$」に従って表すと、「機能（働き）＝調（和音）」となるでしょう。要するに、同じ音からなる和音であっても、位置する場所、つまり調によって、その機能（働き）や楽曲内での意味が変わってくるということです。

　「ドレミ…」に対して「ハニホ…」あるいは「ABC…」があったように、「Ⅰ、Ⅳ、Ⅴ」に相当する、別の和音の呼び方があります。それが「コードネーム」です。英語ではコードシンボル chord symbol というので、コードネー

ムは和製英語です。

　コードネームでは英語の音名を使用します。例えば、C音の上に三和音を作る場合、長三和音を作りたいならC（maj）、短三和音を作りたいならC（min）と書きます。majはmajor、minはminorの略です。

　さらに音を追加したい場合には、その音がC音から数えて何番目の音であるかを示します。例えば、G（maj）の和音（ソ／シ／レ）にファを追加して、ソ／シ／レ／ファの和音にしたい場合には、G7と書きます。ミを追加して、ソ／シ／レ／ミの和音にしたい場合にはG6と書けばいいのです。

　コードネームを使うと、調に関係なく使用する和音の構成音を示すことができるので、とても便利だといえます。しかしその反面で、和音がどのような機能（働き）をしているのかはわかりません。例えば、GがIの和音なのか、Vの和音なのかは、すぐにはわかりません。一般的に、演奏ではコードネーム、楽曲分析ではローマ数字の和音記号が使用されるのも、そのためであるといえるでしょう。

長調と短調の和音記号ならびにコードネームによる記載

ここで最初の、どうして「ドミソ」なのかという話に戻ってみたいと思います。このセクションの「1. 音について」で「倍音（列）」の話をしました。18ページの譜例をもう一度見てください。第4、第5、第6の倍音はドミソの和音、つまり長三和音ですね。つまり、ピアノの弦などを振動させると、自然に「ドミソ」の和音が響いているわけです。ドミソの和音が心地よく聴こえるのも、このためです。つまり、ドミソの和音は自然に存在する「自然現象」なので、音楽理論の基礎と見なすことができるわけです。しかし残念なことに、レファラのような短三和音は倍音列に含まれていないのです。

　現代の音楽理論でも、この短三和音の成立を理論的に説明することはできません。ですから和音の理論、つまり和声論を考えるときにも苦労するわけです。一般的には、長三和音と短三和音は長3度と短3度がちょうど正反対に重ねられているので、互いに交替可能で「相似」の和音として扱われています（前ページの下の譜例を参照）。例えば、ハ長調のIの和音とハ短調のIの和音が交替可能です。Vの和音はこれらふたつの調で同じ和音ですから、なおさらこのような交替は問題ないわけです。18世紀以前の音楽では、短調の曲であっても、最後だけは長三和音で終わることは、よく行われました。これを「ピカルディの3度」と呼びます。

──────────────────────────────────────

キーワード 和音、三和音、長三和音と短三和音、協和音と不協和音、和音記号、和音の機能（働き）、コードネーム

──────────────────────────────────────

参考 音について（14ページ）、音名と階名について（20ページ）、楽譜について（68ページ）

4．声種と声域について

　男性と女性がいっしょに歌う合唱を混声合唱といいます。女性はソプラ
ノとアルト、男性はテノールとバスというふたつの声部（パート）にそれ
ぞれ分かれます。どうして声部（パート）はこれら４つに分かれるのでしょ
うか。これ以外にもメゾ・ソプラノやバリトンなどもありますが、基本と
なるのは、これら４つの声部（パート）です。

　また合唱以外でも、この名称が使用されます。例えば、リコーダーには
ソプラノ・リコーダーやアルト・リコーダーがありますし、サキソフォー
ン（サックス）にも、アルト・サックスやテナー・サックスと呼ばれる楽
器があります。

　これら４つの声部は同時に誕生したわけではありません。クラシック音
楽の源流といわれるグレゴリオ聖歌が男性の聖職者によって歌われていた
ことから、最初に誕生した声部はテノール声部でした。テノールという言
葉はラテン語のテネレ tenere に由来します。テネレとは「延ばす」とい
う意味です。グレゴリオ聖歌の唱法のひとつに、ひとつの音を延ばしてそ
の音の上で歌詞を歌ったことから、その声部が「テノール」と呼ばれたわ
けです。

　その後、このテノールの声部に、他の声部が追加されました。どのよう
な声部が追加されたかというと、まずソプラノです。ソプラノはラテン語
のスペリウス sperius に由来します。英語のスーパー super の語源でもあ
ります。他の声部より抜きんでて高いという意味です。「超」声部といえ
るでしょうか。

　テノールとソプラノの２声部だけですと、響きが少し貧弱ですので、
やがてもうひとつの声部が追加されました。その声部はテノール声部の
すぐ上に置かれましたので、コントラ・テノール・アルトゥス contra
tenor altus と呼ばれました。コントラ contra は英語のカウンター counter
で、カウンター席という言葉があるように、「対する」という意味で

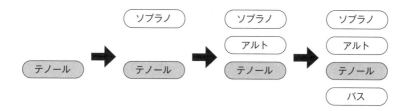

す。そしてアルトゥス altus は、英語で高さのことをアルティテュード altitude というように、「高い」という意味です。つまり、テノールの「上に」置かれた声部という意味なのです。このアルトゥスという言葉から、アルトという言葉が誕生しました。

　現代、アルトはソプラノに対して女性の「低い」声域を意味しますので、ちょっと不思議な気がします。しかしこうした言葉が誕生したヨーロッパの中世からルネサンス時代、およそ9世紀から16世紀くらいまでは、テノール声部が音楽の基本となる声部だったので、他の声部はこの声部を基本に「対置」された声部と考えられたのです。

　こうしてテノール、ソプラノ、アルトの3声部が誕生したのですが、さらに充実した響きが求められた結果、テノールの「下に」、コントラ・テノール・バッスス contra tenor bassus と呼ばれる声部が追加されました。Bassus とは英語のベース base のことで、基礎になるものを意味します。ここからバスという声部が誕生し、基本となる4つの声部が誕生したわけです。

　これまでの説明で大切なことは、テノールの声部に他の声部が対置されたことで、テノール声部と対置された「それぞれの」の声部間にできる音程が重要だったことです。実際のところ、4つの声部に属する4つの音が同時に響い

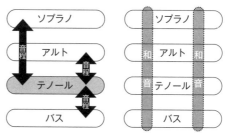

実際の音楽では右図のように和音が響いているように聞こえるが、複数の音程が積み重ねられたものと考えられた。

て、「和音」のように聴こえるのですが、テノールと声部の間にできた3

つの「音程」の積み重ねとして理解されていたことを忘れてはいけません。まだ「和音」という考えはありません。「はじめに音程ありき」なのです。

　これまでは声部が追加された理由として、響きを豊かにするためと説明してきましたが、実際に追加された音は、セクション1の「音」でお話しした倍音なのです。第2倍音の1オクターヴ、第3倍音の5度（4度）、第4倍音の3度の音でした。特にバス声部には、倍音の基音となる音が置かれたのです。

　倍音関係にある音が同時に響き合うことで、この響きがひとつのまとまり、つまり和音として聴かれるようになるのも、時間の問題でした。和音となることで、音が同じであれば、その音がどのような音域にあっても、同じ和音であると見なされるようにもなります。

　ソプラノ、アルト、テノール、バスという4つの声部は、充実した響きを作り出せる、基本的な声部となりました。これを「4声体」といいます。讃美歌（コラール）などの楽譜では現在でも、ソプラノ記号、アルト記号、テノール記号、バス記号を使用して、声部の種類を示しています。このような4声部の形を「4声体（和声）」といって、今日でも和声法の学習で使用されています。

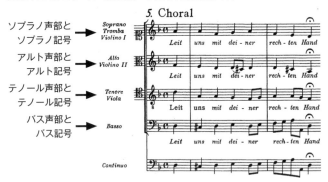

J.S. バッハのコラール（讃美歌）の現代の出版楽譜の例

実際の演奏では、弦楽器が声部パートを重複するので、楽器名が併記されている。一番下の声部に記された「Continuo」は通奏低音の意味で、記譜された音を最低音にして鍵盤楽器などで和音を演奏する。歌詞は「あなたの正しい手で私たちを導いてください」の意。

ひとつの種類の楽器に、異なるサイズの楽器が製造され、それぞれ小型なものから、ソプラノ、アルト、テノール（テナー）、バスという名称がつけられるのも、よく理解できます。例えば、リコーダーですと、ソプラノよりさらに高い音域が演奏できるソプラニーノ（小さなソプラノの意味）にはじまり、ソプラノ、アルト、テナー、バスという5種類の楽器が用意されています。これら5種類の楽器があれば、音色も統一されて美しい響きで、楽曲を演奏することができます。このような楽器のまとまりを「族（属）」、英語ではファミリー family といいます。リコーダーの場合は「リコーダー族（属）」となり、まさに「リコーダー家」というわけです。

上からバス、テナー、アルト、ソプラノ、ソプラニーノリコーダー

譜線上に記して、その譜線にある音符がどの音であるのかを示すのが、音部記号です。音部記号には、ト音記号、ヘ音記号、ハ音記号の3種類があります。各記号が置かれた譜線上の音は、ト音記号の渦巻の中心を通る譜線上の音がト¹音、ヘ音記号のふたつの点で挟まれた譜線上の音がヘ音、ハ音記号の中心を通る譜線上の音がハ¹音となります。

小ヴァイオリン記号　ヴァイオリン記号　ソプラノ記号　メゾソプラノ記号　アルト記号　テノール記号　バリトン記号　バリトン記号　バス記号　低バス記号

これらの音部記号を譜線上に置く位置によって、音部記号がカヴァーする音域が変化します。上の譜例では、全音符で書かれた音は、すべてハ^{1}音を表しています。右に行くほど、全音符の位置が上がっていますので、それだけハ^{1}音より低い音が、加線を使用せずに、記入することができます。そのため音部記号の種類と置かれた位置を見るだけで、その声種や声域を知ることができるのです（36 ページの譜例を参照）。

🔑 **キーワード** 4 声体、音程と和音、音部記号

参考 楽譜について（68 ページ）、和音について（27 ページ）、音名と階名について（20 ページ）

5. 楽器について

　楽器のことを英語ではインストゥルメント instrument といいます。ラテン語に由来しており、作るという意味の instruo と手段を意味する mentum のふたつの言葉からできています。つまり、物を作る道具のことを、インストゥルメントと呼んだわけです。楽器を意味する場合、あえて音楽の道具 musical instrument といわなくても、一般的にインストゥルメントは楽器を意味します。もっとも道具、計器、法律文書、手形という意味もありますので注意が必要です。

　どうしてこのようなお話を最初にしたのかというと、楽器というと、グランドピアノや金属製の美しいフルートなどを想像してしまいますが、もともと楽器というのは、森の地面にころがっている棒で木の根っこをたたいたりとか、海岸に打ち上げられた巻貝の殻を吹いたりとか、とにかく自然にあるものを「道具」にして音を出したことにはじまるからです。遊牧

民ですと、狩に使う弓の弦をはじ
いたり擦ったりして音を出したで
しょう。このような楽器が世界各
地に残っていて、実際に多くの人々
が楽器として使用して、音楽を楽
しんでいるのです。

　道具としての楽器を使って音を
出す方法には、どんな方法がある
でしょうか。ひとつは、アフリカ

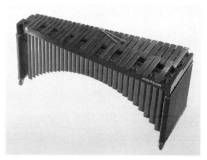

①楽器本体を振動させる
例：木琴

のバラフォンや木琴のように並べた木片をたたいたり、トライアングルの
ような金属棒をたたくという方法があります。楽器の本体をたたいて振動
させて音を出すやり方です。また別の方法として、太鼓のように、張った
膜をたたいて音を出すやり方があります。それから馬頭琴のように、張っ
た弦を擦ったり、はじいたりして音を出すやり方もあります。ヴァイオリ
ンなども同じ方法で音を出します。そして最後に、法螺貝のような、筒状
になったものを吹くという方法があります。フルートやトランペットなど
も同じ原理で音が出ます。以上を整理すると、次の４つになります。つまり、
①楽器本体を振動させる、②膜を振動させる、③弦を振動させる、④筒の
なかの空気を振動させる、という４つの方法があります。

②膜を振動させる
例：ボンゴ

③弦を振動させる
例：ヴァイオリン

④筒のなかの空気を振動させる
例：ホルン

楽器を研究する楽器学という分野がありますが、楽器をどのように分類するのかは、とても重要なテーマです。現在でも広く使用されている方法が、上述したように、楽器を４つに大きく分類する方法です。この分類方法に従うと、①は「体鳴楽器」、②は「膜鳴楽器」、③は「弦鳴楽器」、④は「気鳴楽器」と呼ばれます。どの部分が振動して音が出るのか、つまり発音体による分類であるといえるでしょう。このような分類方法は、この方法を考案したふたりの研究者の名前にちなんで、「ホルンボステル・ザックスの楽器分類法」（1914 年）と呼ばれています。

　では、ピアノはどの楽器に分類されるでしょうか。ピアノという楽器はどのようにして音を出すのかを考えてみましょう（21 ページの図を参照）。「ピアノの前に座って、音を出してみてください」というと、鍵盤にならんだ鍵（キー）を指で押さえますね。すると梃子の原理でもってハンマーが、ピアノの内部に張られた弦を打って音を出します。つまり、鍵盤の鍵を通して、弦をハンマーで打ったわけです。そうすると、ピアノという楽器の種類は、鍵盤楽器、弦楽器、打楽器という３つのうちのひとつとなります。しかし、ピアノでは弦が振動して音が出ますので、「ホルンボステル・ザックス楽器分類法」では、弦鳴楽器に分類されることになります。

　下の図は、現代のオーケストラの楽器配置の一例です。実際にはこれ以外の方法で配置されることも多々ありますが、ここではこの配置図に従って、オーケストラの楽器を分類してみましょう。

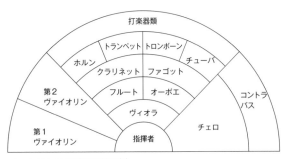

オーケストラの楽器配置の例

40

ヴァイオリン、ヴィオラ、チェ
ロ、コントラバスは弦鳴楽器、
中央に位置する管楽器群は気鳴
楽器、そして打楽器群は体鳴楽
器と膜鳴楽器に、それぞれ分類
されます。

　オーケストラ楽器としてのピ
アノは、楽器分類上は弦鳴楽器
に分類されましたが、オーケス
トラ内では打楽器群に含められ
ますので、注意が必要です。オー

チェレスタ
Schiedmayer Celesta GmbH ⓒ CC BY 4.0

ケストラでよく使用される鍵盤楽器に、チェレスタという楽器があります。
これは鍵盤を用いて金属版をたたきますので、体鳴楽器に分類されますが、
実際には打楽器奏者の人が演奏することも多いので、ピアノと同様に打楽
器群に含まれます。

　音が物体の振動によって生じることはすでにお話しましたが、音の高さ
は連続的に変化させることができます。例えば、ギターなどである弦をは
じいてから指をスライドさせると、音は連続的に変化します。ホイッスル
のような楽器や声なども、音の高さを連続的に変化させることができます。
ひとりで演奏する場合には、このような音でもって微妙な表現をすること
ができますが、複数の人が合唱したり合奏したりする場合には、決まった
高さの音でないと、うまく響きあいません。そこで連続的に変化する音の
なかから、一定数の音を「不連続に」抽出する必要が生じるわけです。こ
の抽出する方法を「音律」といいます。

　例えば、ピアノの場合、イ¹音を440Hzにして、隣どうしの音との振動
数比が一定になるようにしてあります。このように、オクターヴを平均的
に分割して音を決めていく方法を、「平均律」と呼んでいます。

　ピアノは平均律で音を抽出してその音の高さに各弦を調律しますが、一
度調律してしまうと、そう簡単には変更することができません。オルガン

やアコーディオンなどの楽器も同じです。しかしヴァイオリンやフルートなどの楽器は、弦や管の長さを調節することで、演奏中であっても、音の高さを微妙に変化させることができます。その場合には、とりわけ長3度が美しく響くように、つまり振動数比が4：5になるように調整します。鍵盤楽器でも、5度を調節して美しい3度を作るために、さまざまな音律が考案されています。平均律では、すべての5度を調節するので3度完璧に美しく響かないのですが、すべての調で演奏できるという利点があります。この利点のおかげで、平均律は広く現代で使用されているのです。

ミケランジェロの「最後の審判」部分

楽器は日常的に使用する道具から誕生したこともあり、文化ととても密接に関係しています。例えば、宗教的な儀礼で使用される楽器には、宗教的な意味が与えられ、宗教的な象徴となります。キリスト教では最後の審判のときに天から天使が舞い降りてきますが、天使たちが鳴らす楽器はトランペットです。また戦争では軍勢が戦うときにも、ラッパの音が突撃の合図になります。このような宗教的あるいは歴史的な背景から、トランペットは神や王様の権威や威厳を表現する楽器となっています。

　トロンボーンも19世紀までは、合唱の各声部をなぞって音量などを補強するために、教会でのみ使用される楽器でした。この楽器をはじめて世俗の曲で用いたのが、ベートーヴェンでした。交響曲第5番「運命」です。また同じ演奏会で初演された交響曲第6番「田園」では、雷鳴や嵐などの自然を描写するために使用されたのです。運命とは神が命じた宿命であり、自然は神の創造物ですので、ベートーヴェンはこのような宗教的な意味を込めて、このトロンボーンという楽器を使用したのかもしれません。

W. A. モーツァルト『レクイエム』より 「入祭唱」

一番下の段の最後の小節に記されている「Organo」はオルガンのことで、通奏低音を演奏する
楽器として演奏に参加した

　上の楽譜は、モーツァルトの遺作となった有名な《レクイエム》の最初
の楽章「入祭唱」の合唱開始部分です。レクイエムとは、死者のために行
うミサ礼拝のための音楽です。譜例の3小節目の手前で新しい音部記号が
導入されたふたつの声部と、その下の声部の3声部が、トロンボーンのパー
トです。そこには「トロンボーン・アルト・コラ・パルテ　Trombone
alto colla parte」と記されています。コラ・パルテは「合唱のパートを重
複して」という意味です。このトロンボーンはすぐあとから歌いはじめる
合唱のパートを重複するので、音部記号も上から順に、アルト記号、テノー
ル記号、バス記号となっています。ただし歌の声部が入ってからは、現代
に使用しやすいようにト音記号になっています。

　この譜例からは、トロンボーンの宗教的な象徴だけでなく、声楽と器楽
に共通する声部・声域とそれに相当する音部記号に関する状況が、多く見
てとれます。

・・・
◯◯ キーワード　楽器、楽器分類法、音律、平均律、楽器の象徴
・・・

参考 音について（14ページ）

　私たちは音の振動数の「多い少ない」を音の「高低」としてとらえています。また音域についても、ソプラノを「高声部」、バスを「低声部」など、ここでも高低でとらえています。つまり、私たちは音を空間的に認知しているわけです。またピアノに慣れ親しんだ人だと、鍵盤の「右方向」が「高い」と思ってしまいます。

　オーケストラの演奏をコンサートホールで聴く場合には、ステージ上のさまざまな位置に配置された楽器から、客席に向かって音が伝えられています。楽器の配置位置によって、音が実際に空間的に配置されているわけです。

　また、パイプオルガンの演奏を教会やコンサートホールで聴く場合を考えてみましょう。たくさんのパイプは、音の高さや音色によって、その位置や向きが異なっています。そのため例えば「高い」音域で演奏されたメロディーが次に「低い」音域で演奏される場合、異なる声部で同じメロディーが模倣されるという「音楽の構造」が、実際に「空間の構造」となって聴こえてくるわけです。

パイプオルガンも配置されたパイプの方向によってさまざまな方向に音が出される。短いパイプは高い音を、長いパイプは低い音を鳴らす。

　このように、音や音楽の伝わりには空間が必要であり、また私たちも音や音楽を空間的に認知しています。コンサートホールで音楽を聴く魅力も、こうした空間的な広がりのなかで音楽のダイナミックな展開を経験できることにあるのでしょう。イヤホンで音楽を聴くというのは、空間的な広がりのなかで音楽を聴くという楽しみを半減させてしまいますし、このような音楽の聴き方に慣れてしまうと、音楽を空間的に認知するという力も弱くなってしまうのではないかと、ついつい思ってしまいます。

セクション2

「音楽」のはなし

1.「ミュージック」という言葉について

　「ミュージック」という言葉から、話をはじめてみたいと思います。ミュージックは英語で、music と書きます。フランス語では musique（ミュジク）、ドイツ語では Musik（ムジーク）、イタリア語では musica（ムージカ）です。どの言語でもよく似ているのは、これらの言葉が共通の語源、ギリシャ語のムーシケー mousike から生まれた言葉だからです。

　ムーシケーというのは、ギリシャ神話に登場する「ムーサ Musa」——英語ではミューズ muse——と呼ばれる９人の女神たちが司る職業を総称した言葉です。下の表は９人の女神の名前と彼女たちが司った職業です。

	ムーサ神の名称	職　　業
1	カリオペー	抒情詩
2	クレイオー	歴史
3	エウテルペー	叙事詩
4	タレイア	喜劇、牧歌
5	メルポメネー	悲劇、挽歌
6	テルプシコレー	合唱、舞踏
7	エラトー	独唱歌
8	ポリュヒュムニアー（ポリュムニアー）	賛歌、物語
9	ウーラニアー	占星術、天文

　ここで大切なのは女神たちの名前ではなく、職業のほうです。私たちがミュージックの言葉から連想する以外の職業があります。詩や舞踏は近いですが、占星術や天文となると、どのような関係があるのかが不思議です。もうひとつ大切なことは、ムーシケーが神話や神々の世界という、神聖な領域に属するものと考えられていたことです。いずれにしても、ムーシケーはいろんな芸術や学問の分野を総合する言葉でした。英語で博物館のことをミュージアム museum というのも、職業の女神ミューズが創造したものを保管しておく建物ということを意味したからです。

U・ル・シュウール『メルポメネー、エラトー、ポリュヒュムニアー』（1652 年と 1655 年の間）ルーヴル美術館所蔵

　ローマ時代になると、ムーシケーは私たちがミュージックという言葉で連想する職業、つまり「音楽」だけを意味するようになるのですが、決して「音楽」が詩や舞踏の分野から離れてしまうことはありませんでした。そしてまた日常生活から離れた空間や時間を経験できる音楽は、神聖かつ神秘的な世界へ人々を導くという考えも伝えられていきました。

　これまで「音楽」という言葉をできるだけ避けてきました。それはどうしてかというと、音楽という言葉は古代中国から存在し、日本でも古くから使われてきた言葉なのですが、私たちが今日使っている意味で「音楽」という言葉が使用されるようになるのは、西洋文化を「文明開化」のもと積極的に導入した明治時代になってからで、しかも英語の music の訳語として「音楽」という言葉が使用されたからです。そのために「音楽」というと、西洋音楽あるいはクラシック音楽のことだと、多くの人々が思うようになったのです。

　江戸時代までの音楽は芸事として「個人的に」嗜（たしな）むものでしたので、集団で子どもたちを教育する学校には不向きでした。そのために明治時代に

なって全国に小学校ができて、初等教育が普及したときに教えられた音楽は西洋音楽となり、「音楽＝西洋音楽＝学校音楽」という図式が定着してしまったのです。クラシック音楽が格式ばった、高級な芸術のように思われてしまうようになったのには、このような歴史的な背景があったのです。

　西洋音楽は当時「洋楽」と呼ばれましたので、日本の伝統的な音楽には「邦楽」という言葉が使われるようになりました。しかし近年では「邦楽」といえば、日本のポピュラー音楽を意味するようになり、日本古来の音楽は「日本の伝統音楽」と呼ばれるようになっています。現在では学校の音楽の授業で「日本の伝統音楽」や「世界の諸民族の音楽」を鑑賞したり演奏したりしていますが、中学校で和楽器が必修化されたのは2002年からです。今、中学生の人にとっては生まれる前のことですが、明治時代以降の学校での音楽教育の歴史を考えると、「日本の伝統音楽」や「世界の諸民族の音楽」を授業で鑑賞したり演奏したりするのは、新しい出来事なのです。

　皆さんは「音楽」といえば、どのような音楽を想像しますか。学校の授業で歌ったり演奏したり、あるいは鑑賞したりする音楽でしょうか。合唱や吹奏楽の部活で演奏している音楽でしょうか。スマートフォンで聴くJ-POPでしょうか。あるいはヒップホップやラップもあります。こうした音楽の種類を「ジャンル」といいます。つまり、現代の日本社会にはさまざまなジャンルの音楽があるといえるでしょう。聴き方もさまざまですし、演奏に参加する形もまたさまざまです。まさしく自由に好きな音楽を聴いたり演奏したりできるわけです。音楽という言葉には、さまざまな種類の音楽が含まれていることを、忘れないでほしいと思います。

GG キーワード ミュージック、ムーサ、ムーシケー、音楽

....

参考 「音楽の力」について（56ページ）、音楽の起源について（60ページ）、ジャンルについて（124ページ）

コラム2 音楽の授業時間数について

　中学校での音楽科授業の授業時間数は、1998年以前の学習指導要領では、3年間の総授業時間数が175（第1学年：70、第2学年：70、第3学年：35）だったのが、1999年からの学習指導要領では115（第1学年：45、第2学年：35、第3学年：35）となり、現在に至っています。これを週ごとで見ると、第1学年：1.3、第2学年：1、第3学年：1となります。高等学校では「芸術教科」になりますので、音楽は美術や書道と並ぶ選択科目となります。音楽の授業は義務教育の中学校で最後という人たちもたくさんいるわけです。

	1998年以前
第1学年	70
第2学年	70
第3学年	35

→

	1999年以降
第1学年	45
第2学年	35
第3学年	35

　近い将来、中学校でも「芸術教科」になって、音楽と美術は選択科目になるかもしれないといわれています。選択になれば、それぞれの教科の授業時間数が昔のようになるからです。しかしそうなると、半分ぐらいの人が音楽の授業は小学校までということになってしまうかもしれません。

　今すぐにそういう状況になるわけではないかもしれませんが、皆さんが結婚して子どもができて、その子どもが中学生になったときのことを想像してみてください。自分たちが中学校で経験したことを、自分の子どもは経験しなくなるかもしれないわけですから、自分たちが中学生のときに何を経験したのか、あるいはしているのかを考えてみるのもいいかもしれません。

2．リベラル・アーツとしての音楽について

　「リベラル・アーツ」という言葉は、大学教育ではよく使われる言葉です。日本語訳としては「自由学芸」が一般的ですが、特に大学教育では「一般教養科目」あるいは「一般教養」と呼ばれたりします。大学生のなかには「ぱんきょう」と略して、ちょっと馬鹿にしたような呼び方をする人もいますが、これはちょっといただけません。

　リベラル liberal とは自由、アーツ arts はアート art の複数形ですが、芸術ではなく、芸術と学問を含めた学芸（科）のことです。ギリシャ・ローマ時代には奴隷ではない自由人が学んだ学芸であることから「自由学芸」と呼ばれました。この時代に奴隷は生産的な職業のすべてを担っていて、自由人は何をしたのかといえば、政治を司ったのです。政治に必要な文章を書いたり演説したりするための学科が、ここに含まれたのは当然ですが、数学を基礎にした自然科学も含まれました。

　ローマ時代が終わりヘレニズム時代になると、リベラル・アーツは7つの学科で構成されるようになりました。それらは、文法、論理、修辞、代数、幾何、音楽、天文の7学科です。ここから「自由7学芸」と呼ばれたりもします。最初の3つ（文法、論理、修辞）は前述した政治に必要な学科で、現代の人文科学にあたります。そして後半の4つ（代数、幾何、音楽、天文）は、数学を基礎にした、現代風にいえば自然科学です。代数、幾何、天文は数学を基礎にしていると想像できますが、どうして音楽がここに含まれるのかについては、このあとで詳しく説明したいと思います。

　ヨーロッパでは13世紀になると各地に大学が誕生します。この時代の大学には必ず3つの学部が備わっていました。この3つがそろっていないと、「大学」と名乗ることができなかったのです。その学部とは神学部、法学部、医学部です。ではどうしてこれら3つの学部だったのでしょうか。実はこれら3つの学部はいずれも、特定の職業に従事する人たちを養成する機関だったのです。神学部は聖職者、法学部は国家の役人（裁判官）、

医学部は医師です。社会を成立させるうえで必要な職業ばかりです。しかも人の生命に関係する職業です。聖職者は生まれてきた子どもに洗礼をして死んだ人を葬ります。国家の役人、特に裁判官は罪人に判決を下し、ときに死刑も求刑します。そして医師はまさに人の生命を助け、ときに死に立ち合います。

神学部　　　　　　法学部　　　　　　医学部

聖職者　　　国家の役人（裁判官）　　医師

　大学というのは本来、職業教育をする機関だったのです。もちろん現代の大学も職業教育という役割を担っているわけです。しかしこうした職業教育を受ける前に、社会人として広く学ぶことも求められました。職業のための専門教育ではなく、「普通教育 general education」が必要とされたのです。そしてこの普通教育で教えられたのが、古代ギリシャ時代からの伝統があった「自由7学芸」だったのです。職業教育を受ける前に社会人として学ぶべきことが教えられたのですから、職業教育「前」教育といえるでしょう。古代ギリシャ時代に職業から解放されたという意味の「自由」が、ここでは職業教育を受ける「前」という意味から、職業からの「自由」とも理解されたわけです。

　18世紀以降になると、啓蒙主義が発達し、理性的な人間、つまり、迷信や呪術から自由な人間を育てる教育としての「自由化 liberation」のための教育が、リベラル・アーツと呼ばれました。自然科学、人文科学、さらに歴史などの社会科学の3つの分野が、普通教育となったわけです。現代の日本の高等学校の普通科で学んでいるのも普通教育です。また日本の大学でも1970年代までは、1〜2年次に一般教養科目として学んでいたことも、普通教育といっていいでしょう。ここでは、自然科学、人文科学、

社会科学という3つの分野の科目が教えられます。高等学校の普通科で学んでいる教科がこれら3分野に分類されるのも、決して偶然ではありません。高校生が学校で学んでいる教科を分類すると、以下のようになります。

普通教育 ── 自然科学＝数学、生物、化学、地学
　　　　 ── 人文科学＝国語、古典、漢文
　　　　 ── 社会科学＝世界史、日本史、地理、現代社会

　実のところ、大学の一般教養科目が高等学校と大学の「接続教育」といわれるのもこのためです。第2次世界大戦後の日本の新制大学ではじまった一般教養科目を教えたのが、旧制高校の教員だったいうことからも理解できるでしょう。このことによって大学教員の序列化が生じてしまいました。1992年の「大学設置の大綱化」によって、大学が自由に教育課程を編成できるようになり、その結果、日本のほとんどの大学から「教養部」が解体されましたが、一般教養の担当の教員が専門教育を担当したい、そしてすでに専門教育を担当している教員は第1年次から専門教育をはじめたいという、双方の思惑が一致したからです。現在では、東京大学をはじめ一部の大学の除き、教養部はなくなり、教養教育の危機が叫ばれています。現在、中学生や高校生の方は、大学選びの基準のひとつとして、教養教育がどのように実施されているのかを加えてみることをお勧めします。

　最後に、どうして音楽が代数、幾何、天文とともに、数学を基礎にした自然科学に含まれたかの問いにお答えしたいと思います。
　数比と音程（おんてい）の関係については、本書のセクション1ですでにお話しましたが、両者の関係は古代ギリシャの時代から知られていました。これを発見したのは、皆さんが数学で学んだ「ピュタゴラスの定理」のピュタゴラス（BC582-496）なのです。伝説によれば、ピュタゴラスは鍛冶屋（かじ）がハンマーで金床を打つときに、ハンマーの重さが2：1のときに、ハンマーがたたく音が最も協和することを発見したとされています。次に協和するのが2：3、

その次が3：4であることも、発見したのです。

　このことは、張られた弦を分割して鳴らすことで、確かめることができます。ギターがあれば、開放弦の長さの半分の場所を指で押さえて、つまり開放弦の長さに対して1：2として、片方の弦をはじくと、もとの弦をはじいたときに出る音より、1オクターヴ高い音が出ます。さらに開放弦を3等分した所を指で押さえて、3分の2の長さに相当する長さの弦をはじくと、つまり2：3に分割してはじくと、もとの弦をはじいたときに出る音より5度高い音が出ます。こんどは4等分して3つ分の弦をはじくと、4度高い音となります。つまり、1：2だとオクターヴ、2：3だと5度、3：4だと4度の音が出るのです。こうして、比が単純な整数比であればあるほど、音程はよく協和することが明らかになったのです。

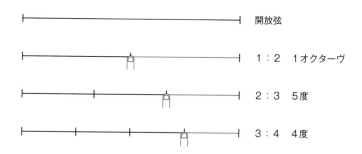

　ピュタゴラスにとって大切だったことは、これだけではありません。これら4つの数、すなわち、1、2、3、4が重要だったのです。

　1、2、3、4を合計すると10になります。また右図のように並べると、正三角形になります。正三角形が「4」つ合わさると、正四面体ができます。頂点の数も「4」となります。ですから、弦を分割するときも、「4分割」で終わっていいわけです。そしてここから得られる、オクターヴ（8度）、5度、4度、そしてユニゾン（同度、1度）のみが協和

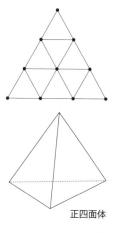

正四面体

音程となります。現代の楽典では「完全協和音程」と呼ばれている音程です。

　これで、数と数比という考え方を通して、音楽、代数、幾何の３つの分野が関係することがわかります。ピュタゴラスは「万物は数である」という信念から、宇宙にも数や数比があって、音楽のように調和していると考えました。惑星が恒星の間を行きつ戻りつつしながらも（これを順行と逆行という）、惑星どうしがぶつかったりしないのは、宇宙には「調和」があると考えました。その結果として、宇宙にも音楽が存在するとも考えたのです。彼らはこの音楽を「宇宙の音楽（ムシカ・ムンダーナ musica mundane）」と呼びました。もちろん、耳には聞こえない音楽です。

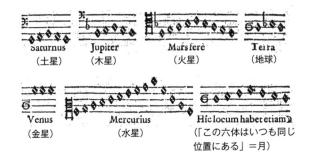

| Saturnus（土星） | Jupiter（木星） | Marsferē（火星） | Terra（地球） |
| Venus（金星） | Mercurius（水星） | Hic locum habet etiam（「この六体はいつも同じ位置にある」＝月） |

　上の楽譜を見てください。音階が７つ書いてあって、その下に、地球、月、そして５つの惑星の名前が書いてあります。これらはケプラーの「惑星音階」と呼ばれたりします。ケプラー（1571-1630）は天文学者として、「ケプラーの３法則」の発見者として有名です。第１法則が惑星は太陽をひとつの焦点とする楕円軌道を描く、第２法則は太陽に近いところでは速く動き、遠いところでは遅く、つまり面積速度が一定であることを示していました。そして第３法則では惑星が太陽の周りを１周する長さが、常に楕円軌道の長半径に依存することを示しました。ケプラーは太陽に最も近い位置と最も遠い位置にあるときの移動角度の比を計算して、その速度の変化を音の高さの変化に対応させて得たものが「惑星音階」です。音階の幅が狭い惑星は、速度の変化が少ない惑星です。ケプラーが「惑星音階」を提唱した著作も『宇宙の調和 Harmonice mundi』（1613年）という題名でした。

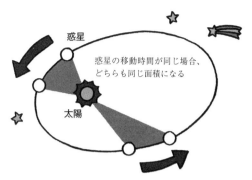

惑星の移動時間が同じ場合、
どちらも同じ面積になる

惑星

太陽

「ケプラーの第2法則」を示した図

　Musicの語源であるムーサの女神のひとり、ウーラニアーが占星術や天文の女神であるのも、これで理解できます。また音楽が神の領域とつながっているのと同時に、自然科学の一分野として位置づけられていることも、明らかになりました。ここでの音楽は演奏などの実践的な音楽ではなく、ピュタゴラスの伝統に由来する思弁的な音楽理論ではありましたが、音楽が決して音を楽しむだけの「遊興」ではないことは、よくわかっていただけたと思います。

キーワード リベラル・アーツ、職業教育と職業前教育、ハルモニア、音楽と数

参考 「ミュージック」という言葉について（46ページ）、音について（14ページ）

3.「音楽の力」について

　「2020 年」という年は世界史に記録される年となるでしょう。20 世紀を振り返っても、ロシア革命が勃発した 1917 年、第 2 次世界大戦が終わった 1945 年、ベルリンの壁が崩壊した 1989 年、アメリカ同時多発テロ事件の 2001 年と並んで、新型コロナウイルス（コビット 19）感染の世界的拡大（コロナ・パンデミック）が発生した「2020 年」が人類史に与えた、そしてこれからも与えるであろう影響を考えると、特筆すべき年になることはまちがいありません。この文章を書いている現在（2021 年 7 月）でも、感染拡大が終息する兆しすら見られません。

　このような危機的な状況になると、人々は「音楽の力」を利用して、励ましあい、団結しようとします。今回のコロナ・パンデミックに際して、インターネット上でこうした「音楽の力」が人々を勇気づけた例は、数多く紹介されています。例えば、イタリアのフィレンツェではオペラ歌手の男性が自宅のベランダからオペラのアリアを高らかに歌ったり、ニューヨークの病院ではヴァイオリンが演奏できる看護師の女性が病室を回って演奏を聴かせたりしていました。2011 年 3 月の東日本大震災でも、地元の音楽家やオーケストラが被災地を訪問して、被災された人たちの心をなぐさめ癒したことは、まだ記憶に新しいのではないでしょうか。そうした災害の復興の途中に、被災者の気持ちが癒されないままに、次々と新たな危機的な状況が日本や世界で生じています。

　美術や演劇も人々を勇気づけ、心を癒す力をもっていますが、音楽には及ばないかもしれません。危機的な状況にあるときに、絵画や芝居を見ることは、あまりないかもしれません。もちろん、音楽だと、仕事をしながら聴けますし、舞台なども必要ありませんから、音楽家が楽器をもって被災地を訪問すればいいということもあるかもしれません。しかしこうした条件を差し引いても、人の気持ちを動かす「音楽の力」は絶大であります。どうして音楽にはこのような力があるのでしょうか。この問いかけに対し、

私はこれまでいろんな機会にお答えしてきました。ここでは本書ですでにお話したり、これからお話することとの関連で、もう一度考えなおしてみたいと思います。

　ひとつは、本書のセクション1でお話しましたが、人は音を聴くと情動を感じることが理由として考えられます。色や形だと目をつぶれば見えなくなり、存在しなくなるわけですが、音の場合は耳をふさいだとしても、完全に聴こえない状態になるということは難しいかもしれません。それに視覚の場合には、目を見る対象に向けなくてはなりませんが、音の場合は、音がする方向に耳を向ける必要はありません。しかも音を伝える空気の振動によって、鼓膜や体表面などに振動が伝わりますので、身体に直接的に働きかけることになります。そのために視覚よりも聴覚のほうが、より直接的に人の心に作用して、情動をひき起こすことになります。映画やドラマで音楽が流れてきたときの感情の高まりを経験された方も多いでしょう。

　ふたつめは、音楽は情動を惹起する力が強いので、人とのコミュニケーションのツールとしても効果が高いともいえるでしょう。特に歌詞がついていると、歌詞の内容を効果的に聴く人に伝えることができます。このコミュニケーション力はいっしょに歌ったり、演奏したりする人たちとのコミュニケーション、さらには精神的なつながりをも強化します。一致団結するための連帯感です。
　音楽による連帯感は、学校でも経験することです。学校合唱コンクールで、クラス全員が一丸となって歌を歌ったことで、クラスがひとつにまとまったという話はよく聞きます。コミュニケーションや連帯に適した音楽の力が、政治的に利用されることもあります。デモ行進でのシュプレヒコールや団結のために参加者が合唱するのも、音楽の力を利用しているといえるでしょう。これは原始時代に太古の人間が経験したことと同じかもしれません。狩りに行く前、勇気を出すために、全員で大きな声を出して叫んだり、獲物が得られたときにも、全員で大喜びして声を出したりしたことでしょう。

さて、音楽の力というと、上述したような、音楽を発するサイドからの視点で語られる場合が多いのですが、音楽を聴くサイドからも見ておく必要があります。例えば、学校の音楽科授業で音楽鑑賞をしたときに、あまり聞きたくない音楽だと、どうでしょうか。「つまらないなあ」とか、「早く終わらないかなあ」と思って聴いていると、確かに聴覚器官の鼓膜は振動していますが、音楽は上の空で聴いているのではないでしょうか。そもそも音楽を聴いているという意識もないかもしれません。音の連続がメロディーとして聴こえるためには、聴いた音を記憶して今聴こえている音と関係づけるという、聴く人の意思の積極的な力あるいは「ワーキング・メモリ」が必要だからです。ワーキング・メモリについては本書の63ページを参照してください。

　聴く人のこのような力も「音楽の力」といっていいのではないでしょうか。またクラシック音楽やポピュラー音楽を聴く場合には、私たちは音の区別ができてメロディーとして認知できますが、例えば、中近東の音楽のように、1オクターヴを80等分くらいするような音楽ですと、音の区別もできないので、メロディーとして認知するのが難しいかもしれません。そうなると、この種の音楽に親しんでおくことも、音楽の力であるといえるでしょう。

　日本の学校教育では西洋のクラシック音楽やポピュラー音楽に対応した「音楽の力」の育成に重点が置かれていることになります。日本の伝統音楽や世界の諸民族の音楽も聴いて、音楽のマルチな力を養うことも必要でしょう。このような力を「音楽性 musicality」といいますが、まさに「マルチ音楽性 multi-musicality」が求められているのが、グローバルな21世紀だといっても過言ではないでしょう。

　音楽を聴き終わると、どうなるでしょうか。高揚した気持ちは落ち着いて、また普通の状態に戻ります。情動や感情によって心が揺さぶられたあとは、心が揺さぶられる以前にもまして心が落ち着きます。こうして清々しさを感じることで、私たちは「今ここに生きている」ということも実感できるのではないでしょうか。悲しい映画を見て大泣きしたあと、映画館

の外に出たときのあの爽快感です。あなたがこのように音楽を聴いて、心が揺さぶられる、気持ちが揺れ動く、音楽に共感できることこそが、あなた自身がもっている「音楽の力」あるいは「音楽を聴く力」なのです。

　人は同じ音楽を聴いても、同じように聴くことはできないと、いいました。その理由のひとつは、同じ音楽を聴いているかどうかを確かめる、科学的な方法がないからです。脳をfMRIで調べることもできるかもしれませんが、たとえそうだとしても、まったく同じではないでしょう。なぜならば、人は、音や音楽を聴いたときに、自らの経験からさまざまなイメージを喚起しながら聴いているからです。人によって経験が異なるので、同じ音や音楽を聴いたときに、同じイメージが喚起されることもないでしょう。

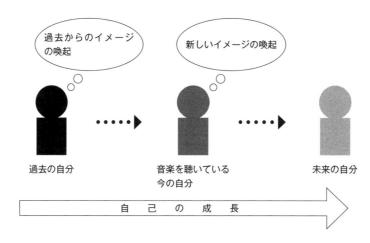

学校教育の音楽科授業では、音楽鑑賞をする際に、ひとしきり説明があって、それを確かめるために音楽を聴くということがよく行われます。これだと、この音楽はこう「聴くべき」ですよと、いわんばかりです。音楽を聴いて、過去の経験を呼び起こして、今聴いている音楽を通して、新たな経験をどんどん追加していくべきでしょう。だから、同じ曲でも時が経って聴けば、違った聴き方ができるわけです。

　芸術あるいは芸術音楽というのは、このように何度も、世代を超えて、個人の相違を超えて、聴きつがれていくという特徴をもっています。もち

ろん J-POP の曲も皆さんにとっては想い出の曲があり、聴き継がれていけば、芸術音楽と呼ばれるようになるのかもしれません。しかし、音楽を聴いているときの「ノリ」が大切だという音楽の場合、その音楽をあとになって聴くときに、過去にその曲を聴いたときの経験が影響するというようなことは、少ないのかもしれません。

　芸術作品を鑑賞することで、私たちは自分の心の変化を知ることができ、経験を深めることで心を成長させていくことができます。小説を読むことで、日常生活では経験できないこと、ひとりの人間では経験できないことを「疑似体験」して、自分自身を成長させていくのにも似ていると思います。

👀 **キーワード** 音楽の働きについて、音楽鑑賞の目的について

参考 「ミュージック」という言葉について（46ページ）、音楽と時間について（62ページ）、危機の時代における音楽（140ページ）

コラム3 ）音楽の起源について

　美術の絵画がどのように誕生したのかについては、太古の人々が洞窟の壁画に書いた動物から、想像することができます。おそらく獲物の収穫を祈る気持ちや自然の恵みに感謝する気持ちから、洞窟の壁に絵を描いたのではないでしょうか。

ラスコー洞窟の壁画

では音楽はどのように誕生したのでしょう。民族音楽学は文明世界から遮断された地域の人々の音楽活動を調査して、音楽の起源を解明しようとしています。しかし音楽の起源についてはさまざまな説があって、どれもが考えられそうな起源なのです。

　筆者自身が最もありそうだなあと思っているのは、「感情起源説」です。太古の時代、大きな動物を捕獲するのは命がけでした。狩猟に出る前に男たちは集まり、互いに声を出して気持ちを鼓舞したことでしょう。そのうちに全員で声を出すことを発見したに違いありません。また獲物を収穫できたときには、全員で喜びの声をあげたでしょう。もしこの説が正しければ、音楽の起源は「合唱」だったことになります。そのうちに同じ高さの音やオクターブの協和などにも、気がついたのかもしれません。

　このほかに、感情を表現する言葉から歌が生まれたという説もあります。女性に求愛したり、病気の癒しを願って祈ったりする場合に、言葉は抑揚をもって語られたことでしょう。また共同で労働するために歌が誕生したという説もあります。しかしこれらふたつの説は、最初に説明した狩猟の場面にも共通するものです。

　また、狩猟に際して獲物の場所や危険などを知らせるために、声や道具を使用したこともあったでしょう。ここから「トーキング・ドラム」（言葉の代わりに音、主に打楽器を使って意思疎通を行うこと）まではほんの少しの道のりではないでしょうか。

　人々の心をひとつにし、互いにコミュニケーションできる音楽は、こうして原始時代に生活する人々にとって、必要不可欠なものになっていったわけです。

　現代に生きる私たちも、合唱や合奏することで気持ちをひとつにすることができます。コロナ・パンデミック下にあって、学校などでは合唱や合奏が自粛の対象となりました。マスクをして合唱をするというのも味気ない気がします。共に「息」をするという行為が制限されるということは「生き」るという行為を制限されているのと同じだから、「息苦しい＝生き苦しい」のではないでしょうか。だから一体感が味わえず、味気なく感じられる気がしてなりません。

4．音楽と時間について

　「時間」とは何でしょうか。この問いに答えることは、筆者の私にはできません。おそらく時間は、物理学、心理学、哲学などの学問が、古代からずっと論じてきたテーマでしょう。ここでは、音楽と時間がどのように関係しているのかについて、わかりやすく説明してみたいと思います。時間とは何かに直接答えるのではなく、時間によって音楽にどのような性質や現象が生じるのかについて、お話したいと思います。

　誰しも好きなことや楽しいことをしているときは、すぐに時間が経ちます。ところが嫌なことや退屈なときには、時間が長く感じられます。また好きなことや嫌なことは人によって違いますので、同じことをしていても、感じる時間の長さは違ってくるでしょう。例えば、音楽の授業である曲を鑑賞したときに、時計ではかると 15 分 30 秒の長さの曲でも、その曲をはじめて聴くひとには 20 分以上に思え、何度も聴いたことがある人は 10 分くらいにしか感じないかもしれません。時計で測れる時間を「物理的時間」、これに対して人がそれぞれに感じる時間を「心理的時間」といいます。
　どうして音楽を聴いているときに、時間を感じることができるのでしょうか。もちろん人がある一定の時間の範囲内で、音楽を聴いているからなのですが、音楽学的には音楽そのものに時間がある、あるいは音楽が時間を作りだしていると考えるのです。これを「音楽的時間」といいます。
　次ページの図を見てください。どんな音でもいいのですが、例えば、フルートの音を想像してください。ひとりの演奏者がステージの上でフルートを吹きます。客席にはあなたひとりでも複数の人がいてもかまいせん。
　ステージの演奏者が、①から順番に④の音までを吹いたとします。あなたはこの 4 つの音をひとつの「流れ」、つまりメロディーとして聴いたはずです。4 つの音が美しい旋律でなくても、ひとつのまとまりに聴こえたはずです。というのも、4 つの音の前後には、音が聴こえない「静寂な時間」

があったからです。

　ここで想像してほしいのですが、ひとつの音を聴いた瞬間に、その音の記憶がなくなるという人がいたとしましょう。つまり、②の音が聴こえたときには、①の音は忘れてしまっています。そして③の音を聴いたときには、①と②の音を忘れてしまっています。そうすると、その人には瞬間ごとに音を聴いているわけですが、つながっては聴こえません。つまり、メロディーとして聴こえないわけです。逆に考えると、メロディーが成立するには、直前に聴いた音と今聴いている音とをつなげるという、きわめて積極的に「聴く」ことが必要であることがわかります。このように、短い時間内に聴いた音や話し言葉を短期的に記憶することを、「ワーキング・メモリ」といいます。

　４つの音ではなくて、もう少し長いメロディーを聴く場合になって、途中で他のことに注意が向いてしまうと、もちろん、鼓膜は振動して、聴覚器官も知覚はしているのですが、脳がメロディーとして認知していないわけです。この聴くというプロセスについては、セクション１の「１．音について」を参照してください。

　このように記憶しながら積極的に聴くという気持ちによってメロディーが聴こえてきて、そこに物理的あるいは心理的時間を感じるとしたら、この時間は４つの音が連続することによって作られたことになります。４つの音がゆったりと聴こえてくれば、時間の流れもゆったりと感じられるでしょうし、４つ以上の音がすばやく連続すれば、時間の流れも速く感じられるでしょう。このようにして、音の連続によって作られる時間を「音楽

的時間」と呼んでいるわけです。

　また音はさまざまな情動を引き起こしますので、音の連続が作るこの音楽的時間の流れにそって、人間の情動は変化し、音楽を聴いてさまざまな感情を抱くことにもなるわけです。

　演奏という行為は、声や楽器を通して、音を出して、音楽的時間を作ること、そして聴衆とその時間を共有することだといえるでしょう。作曲という行為は、音楽的時間を作るために、音のつながりや重なりを事前に決めておく行為であるわけです。

音の配列を事前に示したものが楽譜です。作曲家が楽譜でもって決定できるのは、音の高さと相対的な長さ、おおよそのテンポ、楽器の種類ぐらいでしょうか。音の相対的な長さとしたのは、個々の音の長さの比は決められるが、絶対的な長さは決められないためです。♩の長さは♪の２倍にはなりますが、遅いテンポと速いテンポでは、それぞれの音符の絶対的な長さは異なります。また演奏者によって、あるいは同じ演奏者によっても、演奏ごとに、ピアノ以外の楽器では（場合によってはピアノでも）、音の高さすらも微妙に異なってくるのです。同じ楽譜を使用していても、実際に聴こえてくる音楽は、演奏者や演奏ごとに異なってくるわけです。そこに演奏家の個性などが表現されるといえるわけです。

　美術作品の場合は、例えば、レオナルド・ダ・ヴィンチの『モナリザ』はパリのルーヴル美術館にある絵画だけです。あとは全部複製品（レプリカ）です。これに対して、例えば、ベートーヴェンの《交響曲第９番》の自筆総譜はベルリン国立図書館に保管されていて、１冊のみです。しかしこれは楽譜であって、『モナリザ』が美術作品であるのと同じ意味で、「音楽作品」ではありません。なぜなら、この楽譜によってさまざま演奏が可能であって、演奏そのもの、あるいは演奏を聴くことによって、はじめて音楽作品が誕生するからです。《第９》の演奏は指揮者や演奏者によって、テンポも違いますし、そうなると全体の演奏時間も違ってきます。プロのオーケストラの《第９》もあれば、アマチュアのオーケストラの《第９》もあるわけです。

　『モナリザ』は本物であろうとレプリカであろうと、ずっと見ることができます。しかし音楽の音はすぐに消えてしまいます。絵画という作品は「モノ」として存在しますが、音楽は作品として鳴り響いたときにのみ存在します。つまり演奏と聴取という「行為」によって存在するわけです。従って、演奏が終われば音楽作品は消えてしまいますが、積極的な聴取という行為がなくなっても、音楽作品は消えてしまいます。鼓膜だけは振動していますが。また音楽あるいは音楽作品は目に見えなくて、すぐに消えてしまうという意味で、きわめて抽象的な表現であるといえます。

L. d. ヴィンチ『モナ・リザ』　　L. v. ベートーヴェン　交響曲第9番の自筆譜

　音楽作品は演奏という時間のなかではじめて成立します。「時間芸術」
と呼ばれる理由も、ここにあります。小説も同じでしょう。本は文学作品
でありません。本に書かれた文字を読んで、それによって私たちがイメー
ジしたり感じたりする、その時間の経過にこそ、小説という文学作品が成
立するといえるからです。また読み手によって、さまざまな解釈も認めら
れています。
　芸術作品というのは、時代や場所を超えて、多くの人に享受されていま
す。ひとりの人間であっても、また同じ作品であっても、10代と、30代、
さらに50代では、感じ方がまったく異なってきます。その違いに気づく
ことによって、自分自身の変化や成長を実感することができるでしょう。
このような経験ができる芸術作品と、若い頃に出会っておけると、とても
心豊かな人生を送ることができると思います。

　キーワード　音楽と時間の関係について、音楽作品と演奏について、楽譜に
ついて、拍子について、テンポについて

　参考　反復について（96ページ）、変奏について（101ページ）、対比につい
て（108ページ）

セクション 3

「楽譜」のはなし

1．楽譜について

　音楽の教科書には、たくさんの楽譜が掲載されています。そしてその楽譜を「読んで」合唱や合奏をしたり、それを「見ながら」音楽を聴いたりします。では私たちは楽譜から、いったい何を「読んで」、また「見て」いるのでしょうか。

　ここでお話する楽譜は、音楽の教科書で多く使用されている楽譜です。日本の伝統音楽には、箏や三味線のための楽譜も存在しますが、ここでは西洋音楽のための楽譜について説明をしたいと思います。西洋音楽のための楽譜は、ほとんどすべての（西洋起源の）楽器に共通して使用することができます。また諸民族の音楽を比較するなど、研究面でも活用されています。世界中の広い地域で西洋音楽が演奏されているのも、こうした楽譜の存在があったからだと思われます。

　楽譜を見ると、まず目に入るのが5本の横線です。この線を「譜線」といい、一般的に5本の譜線が書かれていることから、このような楽譜は「五線譜」といいます。最初から5本だったわけではなく、1本からはじまり、5本以上の譜線が使用された時期もありましたが、16世紀頃にはこの五線譜が定着しました。

　ここで注意しておきたいことは、すぐあ

箏曲で使用される文字譜（総譜）

さくらさくら　日本古謡　平調子

十み	五に	五み	七
斗に	四お	四わ	ゝく
巾ゆ為ウ	五い	五た	八ヽ
斗か	六ぞ	六す	◉
十ん	五い	五か	七
◉	五ず四ウ	五ぎ四イ	ゝく
◉	三る	三り	八ヽ
○	◉	◉	
七い	七か	七や	
ゝざ	八す	八よ	
八や	九み	九い	
◉	八か	八の	
七い	七く	七そ	
ゝざ	八も七オ	八ら七ア	
八や	六か	六は	
◉	◉		

とで説明する音符は譜線の上だけでなく、線と線の間、つまり譜間にも置くことができるということです。こうすることで、少ない譜線でもって幅広い音域の音を記譜することができたわけです。

五線譜

複数の人が同時に歌ったり、音楽を正確に伝承したりするためには、音の高さの相対的な関係を示す必要があります。そこで基準となる音の位置を線で示して、その線と音符との位置関係でもって、相対的な高さを示す線譜ができました。例えば、「この線上の音符をハ^{1}音の高さで歌おう」と決めたわけです。

最初は線の左端にハ^{1}音を示す「C」、下のヘ音を示す「F」を書きました。やがてふたつのアルファベットが装飾されて、現在のハ音記号とヘ音記号になったのです。このように譜線の音の高さを示す記号を「音部記号」と呼びます。音部記号には、ハ音記号とヘ音記号のほかに、上のト音「G」を示すト音記号があります。ト音記号もアルファベットのGを装飾したものです。

ハ音記号　　　ヘ音記号　　　ト音記号

ト¹音 →

　上の譜例は、ト音記号は五線譜の下から２番目の譜線と交差するように書きはじめて、２番目の譜線がト¹音ですあることを示します。しかし下から２番目の譜線ではなくて、他の譜線の上にも置くことができます。このことは他の音部記号についても同じです。例えば、ト音記号を一番下の線の上に置くと、より高い音を五線譜のなかに記入することができます。５本線で足りない場合は、加線を追加しますが、加線の数を減らすことができます（本書のセクション１の「４．声種と声域について」の譜例〔37ページ〕を参照してください）。

　楽譜を構成する重要な要素として、譜線と音部記号以外に、音符があります。また音符に対して休符も必要です。

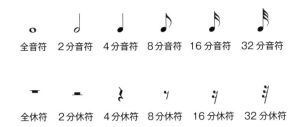

全音符　２分音符　４分音符　８分音符　16分音符　32分音符

全休符　２分休符　４分休符　８分休符　16分休符　32分休符

　音符は全音符を基準として、長さを２分割していくことによって、順番に、２分音符、４分音符、８分音符…と、短くなっていきます。ここで興味深いのは、分割の次の段階に行く際に、現段階の音符にひとつだけ新しい要素を追加していることです。全音符から２分音符は縦線１本を追加し、２分音符から４分音符は音符の頭を黒く塗り、４分音符から８分音符は旗をひとつ追加しています。このようにして、音の相対的な長さ（これを「音価（おんか）」といいます）を決めます。
　音符の長さを1.5倍にするときには、音符の玉の右上に「点・」をつけ

ます。音符の線が上を向いていても、下を向いていても、必ず右上につけます。間違って音符の頭の上や下につけてしまうと、「スタッカート」記号になってしまって、音符の長さは短く演奏されるので、注意してください。（付点音符の起源については、コラム4を参照してください。）

$$ \text{♩.} = \text{♩} + \text{♪} \quad \text{♩.} = \text{♩} + \text{♪} \quad \text{♪.} = \text{♪} + \text{♪} $$

これはスタッカート

　次に重要な要素が拍子記号です。拍子については、次の節の「2．拍子」でお話しますので、ここでは簡単に「基準となる音符の長さと強い拍どうしの間に入る音符の数を示す記号」と定義しておきましょう。例えば、4分の3拍子の場合には、基本となる4分音符が3つごとに、強拍が現れることを意味します。

　楽譜を構成する基本的な要素として、もうひとつ追加しておきましょう。それは譜表の各段の左端、音部記号と拍子記号の間に記入されている、♯や♭の記号です。これらの記号がない場合や、5～6個の♯や♭が書かれている場合があります。♯や♭は臨時的に音を上げ・下げすることを意味する記号ですが、左端にまとめて書かれている場合は、譜表を通じて記号のある音をいつも上げ・下げします。このような記号を「調号」と呼びます。

　例えば右の譜例の場合は、ト音記号が記入された五線譜の一番上の線にある音、つまりすべての音域にあるヘ（ファ）音を常に半音高くして演奏することを意味します。そうすると、このヘ（ファ）音とト（ソ）音の間隔が狭くなって、半音上げられた

音がシの位置になり、続くト（ソ）音が終止する音のように聴こえます。ト（ソ）音を終止音にする調は、ト（ソ）長調となるので、この♯がト長調を表す記号、つまり調号になるわけです。♯の調号の場合は、常に一番右端に書かれた♯の位置が音階の「シ」を示します。

　♭の調号の場合は、一番右端の♭がついた音がファの音、つまりド、レ、ミ、ファの4番めの音になります。右の譜例のような♭ひとつの場合には、♭の記された譜表の中央の譜線がファとなるので、ドの位置は一番下の譜線と次の譜線の間の音、つまりへ（ファ）音なります。よって♭ひとつの調号はへ長調を表す調号となります。本書の150ページには、すべての調号が整理されているので、参照してください

　楽譜を構成する要素は、これがすべてです。つまり、楽譜が示していること、あるいはそこに書かれていることは、音の高さ、長さ、拍子、調の種類となります。これら以外の要素は、付加的なものとして追加されます。例えば、曲のテンポを示すには、速度標語（アレグロやアダージョなど）やメトロノーム記号（MM♩=60など）を楽譜に付加します。なめらかに演奏するのか、切って演奏するのかを示すためには、スラーやスタッカートなどの曲想記号を付加するのです。またどの楽器で演奏するかも、あとから決めることができます。従って、テンポや演奏の仕方は作曲家が書いた楽譜に詳細には記載されていないことが多いので、これらふたつの要素の演奏は演奏者の演奏技術や解釈に委ねられているのです。

　音符が示す音の高さと長さは、数字で表示することができません。例えば、オーケストラが演奏前にチューニング（音合わせ）をする場面を見たことがあると思います。最初にオーボエという木管楽器がイ[1]音の音を吹くのですが、音の高さを示す振動数は、オーケストラによって違います。一般的にはイ[1]音=440Hzですが（これを標準ピッチといいます）、通常は少し高くて、イ[1]音=442〜445Hzぐらいです。また17〜18世紀のバロック時代の曲を演奏するときには、「バロックピッチ」と呼ばれるイ[1]音=

415Hz ぐらいの低い音でチューニングします。つまり、同じ楽譜を見ていても、現代のオーケストラとバロック時代のオーケストラとでは、実際に聴こえてくる音の高さは違うのです。

　また4分音符や2分音符にしても、使用している音符の形は同じですが、演奏するテンポによって長さは違ってきます。例えば、MM♩ = 60 だと、4分音符の長さはちょうど1秒ですが、テンポを速くしてMM♩ = 120 にすると、同じ4分音符でも実際の長さは0.5秒になります。楽譜に示されている音の高さと長さは、絶対的ではなく、相対的でしかないということです。つまり、楽譜は音の高さや長さの相対的な位置関係を示しているだけなのです。

　以上のことからおわかりのように、楽譜に書かれていることは実はあまり多くはなく、しかも絶対的な数値で示されているわけではありません。作曲家がもし自分の考えた音楽しか自分の音楽として認めたくないと思えば、コンピュータで音楽を創作してそれをデータで保存するなどしておき、どのような状況にあっても同じ音楽が鳴り響くようにする、いわゆる「フィクスト・メディア」の状態にしておく必要があるわけです。しかしたとえそうして作成された音楽であっても、聴く人はいつも同じように、同じ音楽として聴いているとはいえないので、音楽の聴き方はきわめて主観的である、つまり人や時期によって異なるといっていいでしょう。

....

キーワード 五線譜、音部記号、音符と音価、調と調号、標準ピッチ

参考 拍子について（75ページ）、音名と階名について（20ページ）、音楽と時間について（62ページ）

コラム4 付点音符の意味について

　下の楽譜を見てください。モーツァルトの父レオポルト（1719-87）が1756年、すなわち息子のヴォルフガング・アマデウス（1756-91）が誕生した年に出版した『ヴァイオリン奏法』に掲載された楽譜です。付点音符をどのように演奏するのかを示したものです。ふたつの楽譜のそれぞれ上段が楽譜に書かれる音符で、下段が実際に演奏で鳴り響く音を示しています。

L. モーツァルトの『ヴァイオリン奏法』に掲載された楽譜。

　現代では付点音符の点は、符頭のすぐ右隣りにつけますが、この時代は少し違うようです。楽譜につけられた点はまさしく手前にある音符の半分の長さに相当する、実際の音符の役目をしているわけです。点がつけられた音符の長さを「1 × 1.5」ではなく、「1 + 0.5」という発想です。楽譜の上の文章には、「2分音符のあとの点は4分音符に相当する」あるいは「4分音符のあとの点は8分音符に相当する」と書かれています。（ちなみに、18世紀ドイツの印刷書体はフラクトゥールといい、ちょっと変わった形をしています。日本語では「亀の子文字」あるいは「ひげ文字」として知られています。）

　点は英語でポイント point といいますが、ポイントには音符という意味もあります。カウンターポイント counterpoint は counter と point からなる合成語です。カウンター counter は「対する」ことですので、カウンターポイントは点どうし、すなわち音符どうしを対することです。日本語では対位法と訳されていて、複数の音や声部を組み合わせる方法を指します。

2．拍子について

　「拍」という言葉は、心拍、脈拍、拍手のように、日常語としてよく使います。何かをたたいたり、打ったりすることを意味しますが、不規則にたたいたり打ったりするのではなく、一定の間隔で規則的に行われなくてなりません。英語ではビート beat といいます。ちなみに英語では、心拍は heart beat、脈拍は pulse ですが、後者を beat of the pulse という場合もあるので、ビートとパルスはほとんど同義語といえそうです。

　歌を歌うときに手拍子をしたり、歌いはじめるときに、「1、2、3、4」と数えたりします。このときに私たちは、一定の間隔で手を打ったり、数えたりします。これが音楽でいう「拍」です。音楽がはじまると、手をたたいたり数えたりしなくても、音楽はこの一定間隔で刻まれる拍に従って進行します。拍はこのように、音楽の時間上の秩序をつかさどる基本単位で、この拍が細分化されたものがリズムなのです。

　音楽には拍のない音楽があります。例えば、日本民謡の「江差追分節」では、下の楽譜からも明らかなように、さまざまな長さの音で歌詞が歌われますので、規則正しく打たれる拍は存在しないのです。このような音楽はひとりで演奏されることが多く、合奏や合唱になることはありません。逆にいうと、合奏や合唱をするためには、拍が必要であるということになります。

野村公「江差追分の楽譜についての考察」　北海道教育大学紀要　第1部　C　教育科学　1967-09　18（1）：74-93 より

連続する拍のなかで、特定の拍を強くすると、どうなるでしょうか。例えば、３番目の拍を強く打ったとしましょう。強くする拍を●にして上に＞の記号をつけると、下の図のようになります。手拍子でこの拍をたたいてみてください。

　このように一定の間隔で強い拍が現れると、私たちの脳は、３つの拍をひとつのグループとして認知します。

　この１グループを「拍節」と呼びます。節は「ふし」とも読みます。「ふし」とは、一定のまとまりが等間隔で反復されるものを指します。例えば、季節、節句、あるいは竹の「節」です。日本語では旋律のことを「ふし」といいますが、これも音の流れがグルーピングされて聞こえるからです。

　拍節のある音楽は、特にダンスの曲に特有です。一定のステップが反復されるからで、特に強拍で足を踏み出すといった動作が伴う場合、音楽もそれに合わせて、強拍となります。

　ヨーロッパのクラシック音楽の起源ともいわれるのが、キリスト教の教会で歌われた典礼歌の「グレゴリオ聖歌」です。右の譜例を見てください。■や◆の形をした「ネウマ」と呼ばれる音符が並んでいます。ここには拍はありますが、拍節はありません。「有拍無拍

グレゴリオ聖歌の記譜に使用された四線譜。一番上の譜線の左端に記載された記号が１点ハ音を示す音部記号（ハ音記号）。

節」という表現をする場合もあります。

　ようやく「拍子」の話です。ひとつの拍を音符の種類で表し、ひとつの拍節のなかに、拍がいくつ含まれているのかを示したのが、拍子です。

　下の図に示した●あるいは○が4分音符 ♩ で、ひとつの拍節に3つ入っていると、4分の3拍子（しぶんのさんびょうし）となります。

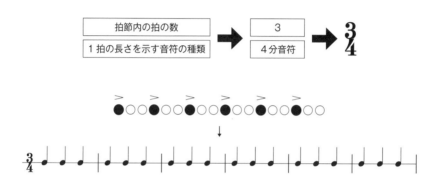

　楽譜にある小節線はこのまとまりを視覚化したものです。そして小節線に挟まれた部分、すなわち拍節ひとつぶんを小節といいます。英語で小節のことを bar といいますが、まさに線で囲った部分を指しています。そのほかにメジャー measure という言葉もよく使用されますが、こちらは「計量する」という意味です。巻き尺のことをメジャーといいますが、基本となる全音符が分割され、それらをグループとしてまとめたことから、このように呼ばれたと思われます。現在、私たちが使用している拍子やリズムを表す楽譜は「計量記譜（メジャード・ノーテーション measured notation）」といいます。

　ここで注意しなくてはならない点は、ふたつの数字を上下に並べると、分数のように見えますが、これは分数ではないということです。

　歴史を遡ると、例えば $\frac{3}{2}$ という記号があると、記号前は基準となる音符ふたつを1グループにしていたのを、記号後は3つを1グループにすることを意味したのです。そうすると基準となる音符の長さが短くなって、テ

ンポも速くなったわけです。そしてもとの２音符で１グループの状態に戻す、つまりもとのテンポに戻すときは、$\frac{2}{3}$という記号を書けばよかったのです。ここから拍子記号が比を表す記号であったことがわかります。この比のことを当時はプロポルツィオ proportio と呼んでいました。英語ではプロポーション proportion です。

拍節のなかに含まれる音符の種類や数が変わると、「変拍子(へんぴょうし)」になります。例えば、含まれる音の数だけを変化させてみましょう。

強くする音の位置を変えて、手をたたいてください。４分の３拍子だけの場合に比べて、躍動感が感じられたと思います。この変拍子をうまく使って、太古の時代の躍動的な生命を表現したのが、イゴール・ストラヴィンスキー（1882-1971）のバレエ音楽《春の祭典》です。

拍子記号の上に記される拍節内の拍数を示す数字により、拍子は、単純拍子、複合拍子、変拍子の３種に大別されます。２拍子、３拍子、４拍子は「単純拍子」で、３拍子の積によって成り立っている拍子、つまり６拍子（３拍子×２）、９拍子（３拍子×３）、12拍子（３拍子×４）は、「複合拍子」です。そして５拍子、７拍子などは「変拍子」となります。このうち、５拍子＝２拍子＋３拍子というように単純拍子の和によって成り立っているものを「混合拍子」、そうでないものを「特殊拍子」といいます。

拍節や拍子は、音楽の時間経過を「計量する」物差し（メジャー）ですから、拍の強弱と、その上で奏でられる実際の音楽表現の強弱は必ずしも一致しません。あらゆる拍子は第１拍が強拍ですが、たとえば、３拍子の速い舞曲であるワルツでは、第２拍に強勢音が置かれることがしばしばあります。

シンコペーション（移勢）では、拍の強い部分の位置を移動します。もっとも、シンコペーションの本来の意味は「切り分ける」ことです。例えば、

4分音符ふたつを4つの8分音符に「切って」、両端の8分音符と真んなかのふたつの8分音符、つまり4分音符に「分ける」ことです。古くは「切分音」と呼ばれていました。

　楽曲がその拍子の第1拍以外からはじまっている場合、これを「弱起」といいます。ドイツ語ではアウフタクト Auftakt といい、日本ではよく使われる言葉です。Auf は英語のアップ up のことです。

2拍子の場合の手の動き

　英語では下（強）拍をダウンビート down beat、上（弱）拍をアップビート up beat と呼びます。これは指揮者の腕や手の動きに由来しています。
　弱起（アウフタクト）の曲では、冒頭の小節は拍子として不完全な時間量となりますが、曲の最終小節を冒頭小節の分を差し引いた時間量にして整合させるのが通例です。これらの小節を「不完全小節」といいます。

一般的にアウフタクト（弱起）小節は小節数に含めないため、上譜例の場合、全部で3小節と数える。最終小節はアウフタクト小節の長さ分短くなる。上譜例の場合なら4分音符ひとつ分短くなり、4分音符3つ分の「不完全小節」とする。

キーワード　拍、拍節、拍子、変拍子、シンコペーション。アウフタクト

参考　楽譜について（68ページ）、音楽と時間について（62ページ）

コラム5　音楽と文法について

　英語では、拍はビート beat、拍節はピリオド period、拍子はミーター meter といいます。ここでは、拍節についてお話します。ピリオドというと、英語の句読点のことで、自然科学では「周期」を意味します。サッカーリー

グなどの一定の試合期間を意味する場合もあります。ここからわかることは、ピリオドは長さに関係なく、なんらかの「期間」を表す言葉で、それが毎回同じような形でめぐってくるものを指すということです。

　音楽で period というと、拍節の他に、楽節という意味もあります。小節がいくつか集まったものですが、その場合、節という言葉がつくように、周期的でなくてはなりません。つまり、2小節、4小節、さらに8小節の単位で、周期しなくてはならないのです。その結果できる16小節を「大楽節」、8小節を「楽節」といいます。2小節あるいは4小節の単位は「楽句」といいます。英語ではフレーズ phrase です。このように音楽用語には文法に由来するものがいくつかあります。旋律と文章のそれぞれの構文が類似的に理解されたからです。

　次の楽譜は、モーツァルトの有名な「トルコ行進曲」つきソナタの第1楽章の変奏曲の主題です。4小節ごとに楽譜を見ると、わかりやすいでしょう。4小節ごとに、同じリズムが周期的に現れています。そして最後となる4回目では、4小節ではなく、6小節に拡大されています。4小節のままでもいいのですが、さすがモーツァルトです。4小節を4回反復すると単調になるので、大きな音で（フォルテ　f）で演奏する2小節を追加して、盛り上がりを作っています。よってこの18小節に拡大された主題の構造を数式で表すと、18＝（4＋4）＋（4＋6）となるでしょう。

3. テンポについて

　テンポという言葉は日常語として使われています。音楽だけでなく、も
のごとが速く進む場合にも、テンポが速いといったりします。特に音楽で
はテンポが重要であると一般的に思われていますが、テンポが決まらない
と演奏できないというわけではありません。いつもいっしょに演奏してい
るメンバー同士だと、「せーの」ではじめることができます。また歌詞や
動作などを伴う場合には、自然と適切なテンポが決まってきます。速すぎ
ると歌詞が歌えなかったり、動作が追いつかなかったりするからです。遅
すぎる場合はその逆です。メヌエットなどの舞曲の場合は、おおよそテン
ポが決まっています。また作曲した人と演奏する人が同じ地域や時代に生
きている場合にも、おおよそのテンポが共有されているので、特にどのよ
うなテンポであるかを言葉で示すことはありません。このようなテンポは
「テンポ・オルディナリオ tempo ordinario」と呼ばれています。日本語で
は「慣用テンポ」と訳されます。
　テンポ・オルディナリオはおおよそ18世紀中頃までは有効でした。特
に声楽曲や舞曲などの場合には、息継ぎや動作が伴うので、極端なテンポ
で演奏されることはありませんでした。また拍子や使用される音符によっ
ても、テンポが決まっていました。次ページの譜例はヨハン・セバスティ
アン・バッハ（1695-1750）の《平均律クラヴィーア曲集》第2巻のホ長
調のフーガの冒頭部分です。長い音符（白い符頭の音符）が使用されてい
ますが、このような長い音符を使用するスタイルは合唱に由来するもので
した。ゆったりとしたテンポで全音符と2分音符は演奏されたものと思わ
れます。バッハ自身も、どのような速さで演奏するべきかを示すような言
葉を楽譜に書いてはいません。

J. S. バッハ (1695-1750) の『平均律クラヴィーア曲集』第2巻のホ長調のフーガの冒頭

K. パウルスマイアー『記譜法の歴史』(春秋社・2015年) より引用

　18世紀中頃以前にテンポを表示する必要性がなかった理由は、もうひとつあります。あとでもう一度話に出てくるのですが、現代では例えば4分音符の「絶対的な」長さは決まっていなくて、テンポによって決まります。つまり、速いテンポだと、4分音符の長さは短くなり、遅いテンポだと長くなります。しかし16世紀以前には、ほぼ一定の長さが決まっていて、作曲家も演奏家も同じ長さの音符を前提として、作曲や演奏をしていたといっても過言ではないのです。先ほど使用される音符によってほぼテンポが決まったといいましたが、実はこのような背景があったからなのです。

　テンポを変えることは、音符の種類やその組み合わせの仕方を変えることだったのです。次ページの楽譜を見てください。この曲は17世紀のイタリアで活躍したジローラモ・フレスコバルディ (1583-1643) の《カンツォーナ》(1628年) の一部です。カンツォーナというのは、歌曲 (カンツォーナ、フランス語のシャンソン) に由来する器楽曲で、テンポの変化が特徴でした。楽譜の上の段に、adagio (アダージョ) と allegro (アレグロ) が書かれているのがおわかりでしょうか。

　現代の演奏家がこの楽譜を見て演奏すると、アダージョでテンポを遅く、アレグロでテンポを速くするでしょう。おそらく1小節の長さも変化するでしょう。しかし当時は1小節の長さはほぼ一定で、この部分の場合、アダージョでは長い音符、アレグロでは短い音符が使用されていますので、

それぞれの部分で決められた音符の長さで演奏されました。そして演奏する人も聴いている人も、「ゆったりとした」気分や「陽気で楽しい」気分を感じ取ることができたと思われます。アダージョやアレグロと書かなくてもテンポは遅くなったり速くなったりしたのです。

G. フレスコバルディの『カンツォーナ』（1628 年）

K. パウルスマイアー『記譜法の歴史』（春秋社・2015 年）より引用

　日本ではアダージョやアレグロは速度を表す言葉だと思われていますが、もとは気分や情緒を表す言葉だったのです。しかも五線や音符以外で音楽に関係する言葉として最初に登場したのも、アレグロとアダージョというふたつの言葉だったのです。

　音楽家たちはその後、さまざまな情緒や感情を表現するために、さまざまな言葉を導入していきました。「ゆったりとした」情緒には「グラーヴェ Grave」（重い、英語の grave）、「ラルゴ Largo」（広い、英語の large）、「レント Lento」（悠長な）が加わり、「陽気で楽しい」領域には、「ヴィヴァーチェ Vivace」（活発な、英語の vivacious）、「プレスト Presto」（急いで）が加わりました。

　テンポ tempo という言葉はイタリア語ですが、英語、ドイツ語、フランス語でも同じ言葉が使用されています。語源となった言葉はラテン語のテンプス tempus ですが、「時間」や「時代」という意味です。しかし「天候」

や「気候」という意味もあることはあまり知られていません。速さという「量」だけを意味したのではなく、音楽が表現する「質」を意味したのです。

　下の譜例は17世紀には珍しい女性作曲家イサベラ・レオナルダ（1620-1704）の《トリオ・ソナタ》（1693年）の楽譜ですが、そこには「Viuace［=vivace］, e largo」（ヴィヴァーチェでラルゴ）と書かれています。現代の私たちはこのように書かれていると、どうしたよいのか、ちょっと理解できませんが、速い3拍子だけど、ひとつひとつの音符を飛び跳ねるように短くするのではなく、引き伸ばすようにして演奏するようにという指示だったのです。今日では「速度標語」といいますが、「曲想記号」と呼んだほうが適切かもしれません。

五線上の数字は和音記号の一種で、記譜されている音との音程を示す。伴奏者はその音程の音を加えて演奏した。（K. パウルスマイアー『記譜法の歴史』〔春秋社・2015年〕より引用）

　19世紀になると、拍子の種類（4/4や3/4だけでなく、6/4、9/4、9/8、12/8、6/16、9/16、3/8など）が使用され、音符もどんどん細分化され、またさまざまな曲想記号が使用されます。次ページの譜例はベートーヴェンのピアノ・ソナタ第31番（作品110）の第3楽章の一部ですが、第2段めからの即興的なファンタジー部分では、拍子や小節線も記載されていません。

　このような状況になると、ほんの少し前まで共有されていたはずの「テンポ・オルディナリオ」は役に立たなくなってしまったといえるでしょう。楽譜が印刷され、地域や時代を超えて楽譜が広がり、作曲した人が想定していたテンポがわかりにくくなると、テンポを楽譜に示す必要が出てきたわけです。

L. v. ベートーヴェンのピアノ・ソナタ第31番（作品110）の第3楽章の一部

K. パウルスマイアー『記譜法の歴史』（春秋社・2015年）より引用

　ベートーヴェンはある音楽出版社に宛てた1826年の手紙で、このように書いています。「私たちの時代にはもはやテンポ・オルディナリオを使用しませんので、自由な創造的精神からの着想に従わなくてはなりません。」こうして作曲家は速度標語ではなく、もっと客観的にテンポを示したいと思うようになったわけです。このような背景から誕生したのが、メトロノームという器械であり、メトロノーム記号MM♩=なのです。

　メトロノームは1分間に打たされる拍数を数字で
示します。MM♩=60であれば、4分音符ひとつの
長さは1秒となります。ただしここで注意しなくて
はならないのが、速度標語を使用するにしても、メ
トロノーム記号を使用するにしても、例えば4分音
符の絶対的な長さも、速さによって必ず変化すると
いうことです。同じ4分音符であっても、時間的な
長さは速いテンポでは短くなり、また遅いテンポで
は長くなるということです。

メトロノーム

　プレストならMM♩=120くらいのテンポ、というような発想はしない
ほうがいいのです。プレストはそのものが速度標語ではないということを

思い出してください。その逆もです。MM♩= 120 くらいなら、ヴィヴァーチェなどと早合点しないほうがいいでしょう。歴史的に考えれば本末転倒です。

　音楽用語には「テンポ・ジュスト tempo giusto」という言葉があります。「正確なテンポで」と解釈されていますが、この解釈は「正確」ではありません。テンポを変えないで演奏するという「イン・テンポ」の意味もありますが、どうも混同されているようです。「ジュスト giusto」はイタリア語で、英語では「ジャスト just」に相当する言葉です。justice が「正義」を意味するように、giusto も「正義」を意味します。要するに、「正しい」ということなのです。「正しいテンポ」とは、まさに「テンポ・オルディナリオ」で、多くの人が認めたテンポなのです。ベートーヴェンの言葉を先ほど紹介しましたが、そのなかで彼がもう使用しなくなったという「テンポ・オルディナリオ」なのです。

　「テンポ・ジュスト」と書いてあれば、自分勝手に演奏するのではなく、譜面に書かれた音符や様式に適ったテンポで演奏することを心がけるべきでしょう。手もとにある英語の音楽辞典にはこう説明されています。

　　「テンポ・ジュストとは、演奏する作品にとって適切、あるいは通常のテンポのことである。また自由なテンポの後に通常のテンポに戻ること。」

　後者は「ア・テンポ（テンポ・プリモ）」のことですが、あくまでもテンポが自由に揺れたあとに戻ってくることであって、最初から「イン・テンポ」で演奏することではありません。

　次ページの楽譜はフレデリック・ショパン（1810-49）の《ワルツ》（作品64-2）の冒頭部分です。左上に「Tempo giusto」と書かれていますが、もしこの曲を最初から「イン・テンポ」で演奏したら、ずいぶんとつまらないワルツになってしまうのではないでしょうか。もちろんこの曲でワルツを踊ることは想定されてはいませんが、フロアーで優雅にワルツを踊っている人の様子を彷彿とさせる演奏であるべきでしょう。

 キーワード テンポ、テンポ・オルディナリオ、速度標語、メトロノーム

参考 楽譜について（68 ページ）、拍子について（75 ページ）、音楽と時間について（62 ページ）

コラム6　音楽用語とイタリア語について

　アレグロやラルゴは速度標語と呼ばれます。いずれもカタカナ語で、もともとはイタリア語です。最近の吹奏楽の分野では、英語の「faster（より速く）」や「slowly（ゆっくりと）」という言葉も使用されます。日本語で書かれる場合もあります。しかし手もとにある『6か国語　音楽用語辞典』（音楽之友社刊）を見ても、圧倒的にイタリア語が多いようです。どうしてイタリア語が多いのでしょうか。

　その答えを探る前に確認しておきたいことは、すでに本書でも述べたように、速度標語や発想記号（曲想記号）として使用されているアレグロ、ラルゴ、フォルテ、ピアノなどは、faster や slowly と同様に、日常語として使用されている言葉で、もとから音楽用語だったわけではないということです。そしてオルガンやチェンバロ、さらにギターといった個人で演奏する楽器のための楽譜などで、最初は音楽の気分や感じを表現するために、アレグロやアダージョなどが使用されたということです。要するに、こうした言葉も最初

はテンポを示す言葉ではなかったのです。

　速度標語となると、本来の日常語としての意味が忘れられて、特にイタリア語の原義を知らない場合は、アレグロは速いテンポ、アダージョは遅いテンポのように、速さだけが強調されて、その本来の気分や感じが顧みられなくなってしまいます。原義を知っておくことは演奏者にとってはとても大切で、このような原義にも配慮した辞典が日本でも刊行されています。

　同じ遅いテンポでも、レント Lento、ラルゴ Largo、アダージョ Adagio ではニュアンスが違います。レントは「のろい、のろまな」という意味で、ノロノロとした感じです。これに対してラルゴには「広い、おおらかな、力強い」という意味がありますので、ゆったりとどっしりとした感じでしょう。そしてアダージョはくつろいだゆったりとした感じです。

　ヨーロッパの音楽史を眺めてみると、音楽の先進国や先進地、あるいは音楽家を輩出する国や地域が、時代によって大きく異なります。15 世紀から 16 世紀のルネサンス時代はネーデルランド地方（現在の北フランスやベルギーの地域）、17 世紀から 18 世紀前半のバロック時代はイタリア、18 世紀後半の古典派はウィーンを中心とするオーストリア、19 世紀前半の前期ロマン派はドイツなどです。19 世紀後半になると、鉄道が発達して、こうした国や地域の差は徐々になくなっていきます。

　特に 17 世紀から 18 世紀には、楽譜の出版が盛んになり、オペラ劇場がヨーロッパ各地に建造され、イタリア・オペラが盛んに上演されました。歌手、オーケストラ団員、指揮者の多くがイタリア人あるいはイタリアで教育を受けた音楽家でした。そしてこの時期に活躍していたイタリア人が使用した速度標語や曲想記号が、その後も定着したわけです。もっとも 19 世紀になってドイツが中心になると、ドイツの音楽家はドイツ語で速度や曲想を指示するようになります。日本の音楽教育では教材として使用される楽曲が 17 世紀から 18 世紀までの曲が多いことから、イタリア語の音楽用語が目につくといえるのかもしれません。

4. 題名について

　美術館に行って、ある絵の前に来たとしましょう。はじめて見る絵でした。そのときあなたは、最初に絵をまず見てから題名を見ますか、それとも題名を見てから絵を見ますか？　絵を鑑賞するときにはとても大切なことです。最初に絵を見た人はそこから、ここには何が描かれているのだろうかとか、作者はどうしてこのような絵を描いたのだろうかと想像するでしょう。あとから題名を見て納得できることもありますが、ときにはどうしてこの絵にこんな題名をつけたのか不思議に思って、再度、絵を見たりします。

　反対に、先に題名を見てしまうと、その題名からイメージを膨らませて、絵を見ます。そうすると、私たちの絵の見方がそのイメージに影響を受けたりすることもあるかもしれません。またそのことで、絵のどの部分を見ていくのか、その場所も違ってくるかもしれません。いずれにせよ、題名は絵画そのものではありませんが、鑑賞の導きになりますし、作者の表現しようとした対象や意図の理解につながるでしょう。

　右の絵画はワシリー・カンディンスキー（1866-1944）というロシアの画家が描いたものです。『コンポジションⅧ』という題名がつけられました。1923年の作です。

　この絵を見てどのような印象をもたれましたか。人物や風景を描いたようには思えません。あちこちに描

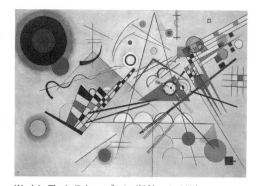

W. カンディンスキー　『コンポジション Ⅷ』

本書では白黒画像になっているが、インターネットで検索するなどして実物を見てください。観たときの印象が変わってくるでしょう。

かれている円は、星のようにも見えますが、むしろさまざまな色をもった線や図形がキャンバスのなかに配置されて、なんとなく楽しくて明るい気持ちになってきませんか。線や図形、色がでたらめに配置されているようで、全体としては調和しているように思いませんか。

　ここで題名の説明をしましょう。コンポジション composition はコンポーズ compose の名詞形です。コンポーズは配置するとか、配列するという意味の動詞です。配置、配列されたものがコンポジションです。どうしてこの絵を皆さんに紹介したのかというと、コンポーズには作曲するという意味があり、コンポジションはまさに音楽作品だからなのです。

　カンディンスキーは線や図形、そして色をキャンバスに配置して美術作品を創作したのですが、作曲家も同じように、楽譜というキャンバスに、いろんな楽器の音をさまざまに配置するといえるでしょう。ただし、実際の音楽作品にするためには、楽譜に配置されたように実際の音を配置するという、演奏という行為がさらに必要になります。セクション2の「4.音楽と時間について」の図を見ていただくと、美術と音楽のそれぞれのコンポジションの相違がわかると思います。

　カンディンスキーの『コンポジション』を見ていて、図形や色が作り出す「ハーモニー」を感じることができるかもしれません。ハーモニーこそ、まさに音楽ではないでしょうか。

　絵画は図形や色で表現する視覚芸術であり造形芸術ですので、題名という言葉とは本来異質なものです。作品によっては言葉と一体になって鑑賞されることを意図された場合もありますが、題名がなくても美術作品そのものを楽しむことはできるかもしれません。

　では、音楽作品につけられた題名はどうでしょうか。ここでいう題名とは、「交響曲第〇番」といったジャンル名ではありません。そこにくっついている、例えば、「イタリア」とか、「ツァラトゥストラはかく語りき」といった題名です。「標題」といったほうが正確ですので、以下では標題という言葉を使います。ただし標題といった場合は、作曲者自身が曲につけたものをいいます。例えば、ベートーヴェンの「運命」とかモーツァルトの「ジュピター」などは、後世の人がつけたニックネームですから、注

意が必要です。しかし多くの人々
がどのようにこの曲を聴いてきた
のかを示しているのが、このニッ
クネームですから、曲を理解する
うえで重要な鍵になることは、忘
れないでおきたいものです。
　ベートーヴェンの交響曲第6番
には「田園」という標題がつけら

Fr. ブーシエ『笛を吹く羊飼い』

れていますが、これは作曲者自身によってつけられたものです。田園といっ
ても日本の田畑の風景ではなく、高原の牧場のような「牧歌的」と呼ばれ
る世界を想像してください。そのような場所で羊を世話している少年が乙
女たちと恋仲になるような、ロマンティックな世界なのです。
　ベートーヴェンの交響曲は「田園詩（パストラーレ）」の形をとっていて、
第1楽章：「田舎に到着したときの愉快な感情の目覚め」、第2楽章：「小
川のほとりの情景」、第3楽章：「田舎の人々の楽しい集い」、第4楽章：「雷
雨、嵐」、第5楽章：「牧歌。嵐のあとの喜ばしい感謝の気持ち」という標
題がつけられています。音楽もそれぞれの情景や情緒を表現しています。
このような音楽を「音画」ということもあります。

　次に、ベートーヴェンの「運命」について考えてみましょう。このニッ
クネームは、ベートーヴェンの交響曲第5番につけられたもので、弟子の
アントン・シントラー（1795-1864）の言葉に由来するといわれています。
第1楽章の最初の「ジャジャジャジャーン」がまるで運命が戸をたたくよ
うだと、シントラーは表現しました。下の楽譜を見てみましょう。

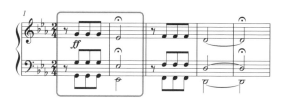

3つの8分音符と2分音符がまとまりを作っています。これが「ジャジャ

ジャジャジャジャーン」と表現されている部分です。これがもう一度、繰り返されます。最後の音は1回目より長く伸ばされます。さて、このあとはどうなるのでしょうか。ここまでは聴いたことがあるが、そのあとは聴いたことがないという人も多いかもしれません。

　上の楽譜は「ジャジャジャジャーン」の5小節のあとに続く部分です。4つの音符が、どこに出ていますか。第6小節は第2ヴァイオリン、次の小節はヴィオラ、次は第1ヴァイオリン、次は第2ヴァイオリン、そしてヴィオラと続きます。つまり、4つの音符がパートを渡り歩くように、連続して出てきます。セクション4の「反復について」ではこの部分をより詳しく説明してありますので、ここでは音楽を聴いたときの印象を確認するだけにしておきましょう。

　このように音楽では、音符のかたまりが展開されると、そこに時間の流れが生じます。音楽そのものが作り出す時間であるともいえます。ここではこの展開のスピードは速く、「ジャジャジャジャーン」の4つの音符は、畳みかけるように、聴くものに迫ってきます。この時間の流れを逆行させることはできません。そしてこの流れが音楽に「推進力」を与えているといえるでしょう。この「推進力」は人間の存在を押し流すように強力なものと感じた、あるいは神が人間に課す厳粛な摂理に感じた人たちは、ここに「運命」の力を感じたのではないでしょうか。まさしく「ジャジャジャジャーン」という最初の4つの音は、運命が戸をたたく音だったのです。この交響曲で使用された楽器の宗教的な象徴性については、セクション1

の「楽器について」を参照してください。

　19世紀の人たちがこの曲を「運命」というニックネームで呼んできたの
も、決してシントラーのエピソードだけに由来するのではないと思います。
音楽そのものが人々にそのようなイメージを与えてきたわけです。この意
味で「運命」というニックネームは、この曲を理解するうえで大切な言葉
だということになります。音楽を聴いたときの経験を的確に表現した言葉
であるともいえるでしょう。

　標題に関する「言葉と音楽の関係」以外に、音楽では歌詞に関する問題
があります。これについては、セクション4の「5. 歌詞について」のと
ころで、詳しく説明したいと思います。

....

🎼 キーワード　コンポジション、標題とニックネームの相違、音画

参考　リベラル・アーツとしての音楽について（50ページ）、ジャンルについ
て（124ページ）、反復について（96ページ）、歌詞について（115ページ）、
楽器について（38ページ）

セクション4

「音楽理論」のはなし

1. 反復について

　本書のセクション２の「４. 音楽と時間について」では、私たちの記憶
（ワーキング・メモリー）によって音の連続がメロディーとして聴かれる
という説明をしました。また音が連続することで「音楽的時間」が生じる
ということにも、少し触れました。ここでは、実際の音楽作品を例にしな
がら、この音楽的時間の生成と展開について考察してみましょう。

　音楽について語る場合「テーマ」という言葉をよく使います。この言葉
はギリシャ語やラテン語のテマ thema に由来し、もとの意味は「置く」です。
議論に参加する人が念頭に「置いて」論じるものを指しました。日本語で
テーマという場合には、ドイツ語の Thema あるいはイタリア語の tēma
をカタカナ語にしたものです。英語では「スィーム theme」といいます。
英語にはこのほかに「サブジェクト subject」という言葉もあり、これも「下
に置かれたもの」という意味です。文法では「主語」を意味します。例えば、
「○○は赤い」といった場合、○○にはリンゴやバラの花といった、さま
ざまな名詞が入ります。「赤い」という述語の「下に」さまざまな主語が
入ると考えられたわけです。スィームとサブジェクトという英語の用語は、
音楽ではほとんど同じ意味で使用されますが、フーガなどの対位法的な作
品ではサブジェクトを使用することが多いようです。日本語ではこれらは
すべて「主題」と訳されています。ここでは「主題」という言葉を使いた
いと思います。
　音楽でいう「主題」は、どのように定義されているのでしょうか。例えば、
「ブリタニカ国際大百科事典」では、次のように定義されています。

　　「楽曲や楽章のなかで，その有機的な展開と統一の核となる主導的な
　　楽想。多少とも形態的なまとまりをもち，特徴的な外観を呈する。そ
　　のためには旋律，和声，リズムの点で明瞭な輪郭をもち，労作，発展

のすぐれた可能性をもつことが必要とされる。時代や個人様式により種々の形態をとるが，3〜20小節ぐらいに収められ，かつまた内部でいくつかの動機に分割されうるのが普通である。」

　なにやら難しい言葉が並んでいます。ひとつずつ見ていきましょう。「有機的な」とは、アメーバなどの微生物が分裂して個体を増やしていく様子を想像してください。最初の細胞がふたつに分裂し、さらに分裂して4つの細胞になるという、生命の誕生のプロセスそのものです。生命体のことを有機体といいます。また化学では organic matter といえば「有機物」のことで、炭素と酸素から構成される物質です。炭水化物、脂肪、蛋白質（たんぱくしつ）などの有機物は、人間の体内で合成される物質ですので、身体にも優しい物質であるわけです。

ひとつの受精卵が分割されていくプロセス

　「有機的な展開」というのは、アメーバの細胞分裂のように、もとになる細胞が分裂していくことを指します。もとの細胞が分裂しても遺伝子は伝承されていくので、同じ性質の細胞がまとまり、全体を構成します。このようなまとまりをもった部分を「器官」と呼びます。英語ではオーガンorgan です（楽器のオルガンも同じ語源に由来します）。上の定義で「統一の核となる」というのは、こうした同質性が維持されることを意味しているのです。そして楽想とは英語の musical idea の訳で、主題とか、少し短い場合には動機（モチーフ、英語ではモウティヴ motive）と呼んだりする部分のことです。まさしく「音楽のアイデア」といえるでしょう。

　主題にしろ、動機にしろ、それらが有機的に展開されるには、「旋律, 和声, リズムの点で明確な輪郭」をもっていなくてはなりません。次ページの楽譜は、モーツァルトの《アイネ・クライネ・ナハトムジーク》第1楽章の主題です。楽譜の一番上の段を見てください。この4小節がこの楽章の「主題」です。ただしこの楽章ではこのあとにも、主題のように聴こえる、つ

まり「多少とも形態的なまとまりをもち，特徴的な外観を呈する」旋律が、いくつか出てきますので、最初の4小節を「主要主題」と呼んでおきましょう。第1楽章の演奏時間は4分程度ですので、ぜひ聴いてみましょう。そしてこの主題が何回出てくるのかを確認してみてください。全体で3回登場します。2回目は短調になっているので注意してください。

この4小節をよく見ると、最初の2小節とあとの2小節はリズムが同じです。同じ2小節のリズムが反復されていますので、この2小節がひとつの単位となっています。このように主題が分割されてひとつの単位になったものを「主題動機」といいます。

それぞれの2小節の音の高さを見ると、最初の動機には「ソ・シ・レ」、あとの動機には「レ・ファ♯・ラ・ド」の音が含まれています。これらを和音として考えると、ト長調の主和音（I度の和音）と属7の和音（V_7の和音）であることもわかります。そして5小節目で主音のソに戻っています。

この主題がとてもバランスがとれてまとまって聴こえるのは、同じリズム動機が反復されるだけでなく、和音がI–V（–I）のように、5度（4度）の関係（倍音列の第2倍音と第3倍音の関係。倍音列については18ページ参照）に配列されて完結しているからです。ちなみに、2小節の旋律の動きは、それぞれの和音の「分散和音形」といいます。

「主題」の定義に戻りましょう。「労作，発展のすぐれた可能性をもつこ

とが必要とされる。」とは、どういうことでしょう。労作とは、人が手を加えて、あれこれいじることです。これを連続して実施すると「発展」になるわけです。これもアメーバの分裂とよく似ています。この労作を巧みにやった作曲家のひとりが、ベートーヴェンです。ここでは、交響曲第5番「運命」の第1楽章を例に、この「労作」の仕方を観察してみたいと思います。

　上の譜例は楽章の冒頭に出てくる主題です。前のセクションでは「ジャジャジャジャーン」と形容していましたが、ここでは音楽理論的に説明したいと思います。それにしても、主題といっても5小節しかありません。しかも前半と後半で、同じリズムが反復されているだけです。こうなると、最初の2小節の4つの音を「主題動機」、リズムが特徴的なので「リズム動機」といってもいいでしょう。

　下の楽譜を見てください。前のセクションでも掲載しましたが、前掲した楽譜の続きの部分、第6小節から第12小節までです。上から第1ヴァイオリン、第2ヴァイオリン、ヴィオラ、チェロとなり、これら4つのパートが連続して響きます。

主題動機の４つの音符の位置を確認すると、第６小節は第２ヴァイオリン、次の小節はヴィオラ、次は第１ヴァイオリン、次は第２ヴァイオリン、そしてヴィオラと続きます。つまり、主題動機がパートを渡り歩くように、連続して登場しているのです。このようにして動機を連続させることを、「展開」、「動機展開」、「主題動機展開」、「主題動機労作」などと呼びます。英語ではディヴェロップメント development です。ディヴェロップメントには「発達」という意味があるように、97 ページの細胞分裂のイラストに描かれていた様子ととてもよく似ています。

　ここで注意してもらいたいのは、主題動機のリズムは同じですが、音程<ruby>程<rt>おんてい</rt></ruby>は動機ごとに異なっているということです。音楽分析をする場合は、音程よりもリズムのほうが優位にあると考えますので、リズムが同一であれば同一の動機と見なします。どうしてこのようなことができるのかというと、動機のように音をまとまりとして聴く場合に、音の高さが変化しても、まとまりは変化しませんが、音の長さのほうが変化すると、まとまりそのものが変化するからです。つまり、動機を決定しているのは、音程ではなくリズムなのです。動機 motive という言葉が、機動力や原動力の意味をもっていて、本来、運動に関係する言葉であるのも、決して偶然ではないでしょう。同じような言葉には、モーター motor、モーション motion、モチベーション motivation、リモート remote、エモーション emotion などがあります。

　ここで、最初に見た細胞分裂のイラストを見てください。細胞の数が増えていく流れが➡で示されています。細胞の数が１個の場合と、８個の場合とを比べると、後者が時間的に「あと」であると直感的に理解できます。私たちはここに一定の時間の流れを感じることができるわけです。

　ベートーヴェンの音楽では、細胞分裂とは同じではありませんが、時間の流れが動機の発展によって作られていて、演奏を通して、私たちは時間の経過を経験することができます。細胞分裂を逆行できなかったのと同じように、音楽を逆行させて聴くことはできません。

　音楽理論あるいは音楽美学的には、これを「音楽的時間」と呼んでいます。私たちが音楽を聴いているときには、それぞれがこの音楽的時間を経験し

ています。つまり、この時間は心理的な時間であるわけです。ベートーヴェンは主題動機を反復させることで、「推進力」のある音楽を創造することに成功しました。この推進力は人間の存在を押し流すような、力強いものに感じさせるのではないでしょうか。ここに多くの人が「運命」の力を感じたのかもしれません。そして最初の4つの音が、まさに運命が戸をたたく音となったのでしょう。

キーワード 主題、動機、リズム動機、展開、音楽的時間

参考 変奏について（101ページ）、対比について（108ページ）、音楽と時間について（62ページ）、題名について（89ページ）

2. 変奏について

　変奏（ヴァリエーション variation）とは、変化させるということです。前述したベートーヴェンの交響曲第5番「運命」第1楽章の主題動機の反復も、同じリズムを維持しながらも、反復のたびに音程が変化していました。これも変奏のひとつで、特に「発展的変奏 developing variation」と呼んだりします。比較的長い旋律、特にまとまりのある旋律全体を、連続的に変奏すれば、変奏曲となります。このような曲を「ヴァリエーション」と呼ぶことがあります。ここでは「変奏」という言葉を使用します。

　変奏で大切なことは、何かが変化して、何かが変化しないということです。全部変化してしまうと、変奏にはなりません。次ページの一番上の図のように形が変わってしまうと、ただでたらめに並んでいるだけにしか見えません。つまり、前後の図形に関係はほとんどありません。

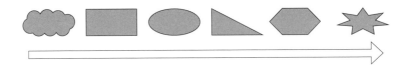

　変奏とは、変奏される旋律、つまり主題のうち、何かが変化して、何か
が変化しないわけです。前述したベートーヴェンの例では、音程が変化し
ますが、リズムは変化しません。図示すると、次のようになります。（☁）
は変化しないリズムを表します。

　変化しないものと、変化するもの、どちらが大切かというと、特に音楽
鑑賞する場合には、変化しないものを追っていくほうが大切だといえるで
しょう。上の図でいえば、（☁）の形を記憶しておいて、色の変化に注目す
ると、そこに音楽の経過が感じられて、音楽的時間を経験することができ
るからです。
　さらにもうひとつ変化を加えてみると、次のようになります。図形を囲
む線の形状と図形内の色が変化しますが、形そのものは維持されています。

　ここにも方向性や流れは一応感じられますが、色だけが変化した場合に
比べて、方向性や流れは少し弱いようにも思われます。音楽的時間の進行
が弱く、変奏も説得的なものにはなっていません。こうしたことから、変
化するものは、ひとつの要素に限定されたほうが変奏の効果も大きいこと
がわかります。

《きらきら星》

　上の楽譜は《きらきら星》という題名の歌です。一度メロディーを歌っ
てみてください。隣どうしの音の隔たり（音程）を、1段目だけ、図にし
てみまると、以下のようになります。同じ高さの音は反復せずに、ひとつ
の音とみなしています。

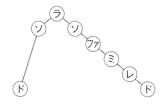

　ドからソに跳躍して、そこから2度上がってラになり、そこから順番に
ドまで下がってきます。この音の位置関係が大切です。この形を維持して
いれば、どんな高さの音から歌いはじめても、《きらきら星》のメロディー
とわかります。音楽理論的には、「移調」したといいます。またリズムを
変化させても、もとのメロディーを聞き取ることができるでしょう。音の
位置関係も、前述したリズムと同じように、変化しないものになることが
できるわけです。

　ここでは、このメロディーを主題とした、モーツァルトの《きらきら星
変奏曲》を詳しく見てみたいと思います。正式な題名は《「ああ、ママ、いっ
ていいかしら」というフランスの歌による12の変奏曲》です。つまり、「き
らきら星」という名前で知られている歌は、もとはフランス民謡だったの
です。モーツァルトはこの旋律をパリで聴いて、すぐさまピアノ用の変奏

曲を作曲しました。1778年のことです。

　下の楽譜は12の変奏のうち、第3変奏までの最初の8小節だけを抜き出して、並べたものです。輪郭を作る音に○がつけてあります。必ずしもいつも小節の最初（強い拍の部分）にあるわけではありませんので、注意が必要です。次ページの表は主題と12の変奏の、拍子、調、基本となるリズムを整理したものです。主題の輪郭が変化せずに、拍子、調、リズムが変化しているのがよくわかります。

第3変奏

　最後に、譜例あるいは下の表を見ながら、音楽を聴いてみましょう。最初に聴いたときと、音楽を聴いたときの印象は、どのように変わったでしょうか。あるいは、モーツァルトが変奏や音楽の構成について、どのようなことを意図していたのか、その戦略を理解できたのではないでしょうか。

	主題	I	II	III	IV	V	VI
拍子	2/4						
調	ハ長調						
リズム	♩	♬♬	♩	♪♬	♩	♩ ♪	♪
テンポ	Allegro						

VII	VIII	IX	X	XI	XII
(2/4)					3/4
(ハ長調)	ハ短調	ハ長調			
♬♬		♩	♩＋♬♬	♫	
(Allegro)				Adagio	Allegro

Allegro＝楽しく、 Adagio＝ゆったりと

　ベートーヴェンの交響曲第5番「運命」の第2楽章も変奏曲の形式でできています。次ページの譜例を見てください。交響曲ですので、本来の楽譜は総譜（スコア）で書かれていますが、譜例はピアノ用に編曲したもの

です。音楽用語ではこのような還元譜を「トランスクリプション」あるいは「リダクション」と呼びます。

　第2楽章には速度標語として「アンダンテ・コン・モート Andante con moto」という言葉が記されています。「アンダンテ」とは「歩くような速さで」、「コン・モート」は「動きをもって」という意味です。この楽章の主題は、小さくとらえると、2段目の2小節目（第1～8小節）までです（グレーのマーカーで色づけした部分です）。しかし大きくとらえると、3段目の最後の小節までとなります。「dolce」（ドルチェと読みます。優しくという意味です）と書いてある手前までです（第1～22小節）。

　主題はこのあと、3回、登場します。つまり、主題は全部で4回登場しますので、ここで4回登場する4つの主題を比較してみましょう。2回目（第50～62小節）では、1回目と比べると、音符の長さが均一になっています。つまり、全部16分音符になっています。3回目（第99～108小節）も同じように、リズムが均一に流れていますが、音符はさらに短くなって

32分音符になっています。リズムが細分化されることで、テンポは同じですが、スピード感が出ているといっていいでしょう。

　そしてここには譜例は掲載していませんが、4回目（第184小節以降）では1回目のメロディーが再び現れ、その下では32分音符で和音が連打されます。これまでのスピード感に重量感が加わります。

　最初の主題をAとすると、次のようになるでしょうか。ここで、ぜひ、第2楽章を聴いて、変奏によるスピードの増加を経験してみてください。

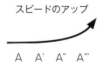

キーワード 変奏、変化するものと変化しないもの、スピードの増加

参考 反復について（96ページ）、対比について（108ページ）

3. 対比について

　音楽を構成する原理は、反復と変奏のほかに、対比（コントラスト con-trast）があります。クラシック音楽やポピュラー音楽の種類に関係なく、楽曲というまとまりをもった音楽を構成するのは、基本的にこれら３つの原理であるといっていいでしょう。

　記号で書くと、反復＝ＡＡＡ…、変奏＝ A'A"A'''…、対比＝ＡＢＡＣＡのように書くことができます。ここで注意をしておいてほしいことは、対比＝ＡＢＡＣＡのように書いてしまうと、ＡとＢ、ＢとＣ、ＡとＣはそれぞれまったく「異なる」ものが並置されているように見えますが、本来はそうではないという点です。英語で「異なる」はヘテロ hetero で、異種のものを意味します。これに対して、対比はコントラストであって、ある程度の共通する性質が前提になっていることが重要なのです。

　上の３つの図形は、平面図形というカテゴリーに含まれますが、異なる図形が雑多に並んでいるだけです。つまり異種（ヘテロ）の関係です。ここで□を共通の性質として、以下のように変化させると、どうでしょうか？

　最初のふたつは「大きさ」の対比、最初のふたつと最後は「色」の対比です。３つの図形の関係をＡ Ａ' Ａ" と理解して、変奏と解釈することもできなくはないのですが、変奏に特有な連続性はここではあまり顕著ではありません。ここでは大きさと色の対比があるといったほうが適切でしょう。

対比について、もう少し詳しくその性質を考察してみたいと思います。動機□が以下のような条件で反復されたとしましょう。□の大きさは音の強弱を表します。

　ここには、強弱の対比と音色の対比という、ふたつの対比が認められますが、ふたつの対比は少し性質が違うように思われます。同じ動機を強く演奏し、続けて弱く演奏すると、後続の動機はエコーのように聴こえます。ふたつの動機は反発するのではなく、互いに引き合っているのです。これに対して、同じ動機を弦楽器と管楽器で続けて演奏すると、ふたつの動機の相違が顕著で、ふたつの動機は引き合うのではなく、それぞれが自己主張しています。対比でも、反発するものと引き合うものというふたつの種類があるのです。

　あるメロディーの前半は上行し、後半が下行する場合はどうでしょうか。上行と下行という「方向」の対比です。ここでの対比は引き合う性質をもっているといえるでしょう。

　どうして同じ対比でありながら、このような異なる性質が生じるのでしょうか。それは、音色よりも音の強弱や進行方向という性質のほうが、音楽の性格を決定する力が強いからです。そして決定する力が強い対比では引き合うように、決定する力が弱い対比は反発的に作用するのです。

　例えば、前述したモーツァルトの《アイネ・クライネ・ナハトムジーク》

の第1楽章の主題ですと、和音の種類（ⅠとⅤ$_7$）と分散和音の方向（上行・下行）という対比が引き合うことで、4小節のまとまりを作っているのです。前半と後半のそれぞれの2小節のリズムが反復されることで、4小節が主題としてまとまって聴こえたというわけではなかったといえるでしょう。

　次にもう一度ベートーヴェンの交響曲第5番「運命」を取りあげます。第1楽章と第2楽章はすでに観察しているので、ここでは第3楽章の主題を「対比」の観点から見ておきましょう。
　次ページの譜例に示された楽譜の最初の8小節が、主題と呼ばれる楽節です（⬚で囲んだ旋律）。これに対して、主題がもう一度反復されてから登場する8小節が「対比的な」「副主題」と呼べる旋律です（⬚で囲んだ旋律）。
　これらふたつの楽節を長さ、音強、進行方向、タッチという4つの性質から比較してみたのが、次の表です。

	音　強	進行方向	タッチ	音色（楽器編成）
主題楽節	弱い *pp*	弱起＋上行	なめらかに	弦楽器＋クラリネット、ファゴット、ホルン
副主題楽節	強い *ff*	同音反復	刻むように	弦楽器＋ホルン
対比の種類	引き合う	引き合う	反発する	反発する

　ここでは4つの性質の相違が、対比を形成しています。音強と進行方向は引き合うように、タッチと音色は反発するように作用しています。そして決定する力のより強い音強と進行方向が補完的に作用したことで、この楽章の冒頭部分は音楽的なまとまりを獲得しているわけです。

　「対比」という問題で必ず出てくるのが、この交響曲の第1楽章の第2
主題です。この楽章は中学校の鑑賞教材としてよく聴かれていますが、何
が授業のテーマになっているかというと、次ページの譜例にある「第1主
題」と「第2主題」との「対比」なのです。つまり、第1主題は「男性的」
で「短調」、第2主題は「女性的」で「長調」というわけです。ふたつの
対比的な主題をもった形式が「ソナタ形式」であるということを理解する
のが、鑑賞授業の目的なのです。

　ここで第1主題、第2主題を導くホルンの旋律、第2主題の3つを比較
してみましょう。

第1主題（ハ短調）

弦楽器＋クラリネット

3度下がる　　2度上がる　　3度下がる

第2主題を導くホルンの旋律

5度下がる　　2度上がる　　5度下がる

第2主題（変ホ長調）

第1ヴァイオリン

チェロ、コントラバス

　第1主題と第2主題の対比と呼べるものは、調と曲調です。長調と短調は確かに対照的ですが、どちらも♭3つの調であるという点では共通しています（ハ短調と変ホ長調は平行調の関係にあります）。曲調は、リズムの鋭さとスラーのかけられた4分音符の連続で対照的です。では、このふたつの対比は、引き合う関係でしょうか、それとも反発しあう関係でしょうか。この対比は音色の対比に近い性質ですので、反発する関係にあると思われます。

　しかしここで3つの旋律に8分音符のリズム動機が含まれていることに注目してみると、これら3つの旋律は連続体、つまり変奏として聴くことができないでしょうか。

第1主題	＝3度↓		＋2度↑			＋3度↓	
つなぎの旋律	＝5度↓		＋2度↑			＋5度↓	
第2主題	＝4度↑	＋2度↓	＋2度↑	＋2度↑		＋4度↓	＋2度↓

112

旋律の輪郭を見ると、第1主題とつなぎの旋律は共通しています。また
つなぎの旋律と第2主題も、最初の5度↓と4度↑が違うだけです。実は、
5度↓と4度↑は、1オクターブ違いの同じ音です。

　これら3つの旋律は、旋律の動きやリズム動機の点では共通性があると
いえるでしょう。つまり、対比を支えているのが、共通する旋律の動きと
リズム動機であったわけです。対比を強調するよりも、変奏としての連続
性を強調したほうが、冒頭に提示された主題動機の展開とその推進力と合
致して、この楽章を聴いたときの印象にも合うように思われます。

⒞⒞ **キーワード** 反復、変奏、引き合う対比、反発する対比

参考 反復について（96ページ）、変奏について（101ページ）、題名につい
て（89ページ）

コラム7　音楽作品のまとまりについて

　民謡のような素朴な旋律から演奏時間が１時間以上にも及ぶ交響曲まで、クラシック音楽あるいはポピュラー音楽においても、楽曲あるいは音楽作品はまとまりをもっています。楽曲や作品の演奏中はなんらかの音が響いているわけですが、はじまる前と終わりには、音が響いていない時間が存在します。継続して音が響いているだけでは、音楽にはならないわけです。川のせせらぎや木立の葉が擦れる音は音楽作品ではありません。これを音楽作品とするためには、なんらかの方法を使って、音が聴こえている時間と聴こえない時間を分ける必要があります。

　ジョン・ケージの「４分33秒」という「曲」では、ステージに出てきたピアニストは「４分33秒」の間、音を出さずにピアノの前に座っています。そしてケージにいわせれば、その時間の間に聴こえてくる会場のさまざまな音が「音楽」というわけですが、このような状況であっても、ピアニストはピアノの蓋の開け閉めをすることで、作品内の時間と作品外の時間を区別しています。

　もうひとつ楽曲や作品としてのまとまりを可能にしているのは、調としてのまとまりです。簡単にいえば、ドミソの和音ではじまった曲は、ドミソの和音で終わるということです。つまり主和音（１度の和音）ではじまって主和音（１度の和音）で終わるということです。その間にどのような和音が聴こえてきても、最初の和音で終われば、まとまりが得られるということです。さらに最初の和音に戻る前に属和音（Ⅴ度の和音）を経過すると、より安定したまとまり感を得ることができます。属和音というのは、主音の５度上あるいは４度下の音、属音の上にできる和音です。主音と５度関係にあるというのは、第１倍音と第３倍音の関係でもあります（第２倍音は第１倍音の１オクターブ上の音ですから、第３倍音が最初に現れる第１倍音とは異なる音です）。

　次ページの譜例は、セクション４の「２．変奏について」（101ページ）の説明で使用した《きらきら星変奏曲》の主題の前半部分です。右手の旋律はドから跳躍してソに到達して、２度上のラの音に行ってから、順次下行していき、（装飾的にミの音に少し触れてから）出発音のドに戻ります。左手は

複雑な動きをしているようですが、第1小節から第6小節まではオクターブのふたつのドの音を中心に跳躍し、第7小節のふたつのめのソの音で主音に戻ります。この8小節の骨組みは上旋律のド・レ・ド、下旋律のド・ソ・ドとなり、主和音・属和音・主和音（I－V－I）となっています。

　上の例では8小節でしたが、これ以上の長さの楽曲であっても、基本的にこの骨組みに「還元」することができます。ちょっと「まゆつば的」かもしれませんが、調を基本とした音楽作品の特徴に基づく音楽作品の見方であるといえるでしょう。

4. 歌詞について

　中学校や高等学校の音楽科授業では、合唱や合奏のほかに、音楽鑑賞が行われていることでしょう。教科書にはきっと鑑賞する作品やそれを作曲した作曲家についての説明がされているはずです。たいていは、作品が創作された時代や社会の背景、作曲時に作曲家が置かれていた社会的・心理的状況などの説明があり、また作品創作のエピソードや作品の聴きどころとして、「こんな点に気をつけて聴いてみてください」という指示がされています。

　中学校ではフランツ・シューベルト（1797-1828）の《魔王 Erlkönig》を聴いている人が多いと思います。かつて大学生に中学校や高等学校の

音楽科授業で鑑賞した曲で、最も印象に残っている曲は何かについてアンケート調査をしたところ、圧倒的多数でこの曲が挙げられていました。理由としては、子どもにしか見えない魔王が誘いの言葉をかける、印象深い場面が挙げられました。魔王はこう呼びかけます。「かわいい坊や、おいで、僕といっしょに行こうよ！　いっしょに素敵なお遊びをしようよ。」しかし子どもは恐れるばかりで返事もできません。魔王はこういいます。「君がこっちに来る気がないのなら、手荒なことをさせてもらうよ。」すると子どもは父親に訴えます。「お父さん、お父さん、魔王につかまってしまったよ。魔王は僕の命を奪ってしまったよ！」ようやく父親は家に帰りつくのですが、子どもは父親の腕のなかで息絶えていたという話です。

　歌詞はヨハン・ヴォルフガング・フォン・ゲーテ（1749-1832）が書いたものですが、実はゲーテのオリジナルではありません。ドイツ文学者で詩人でもあったヨハン・ゴットフリート・ヘルダー（1744-1803）が収集したデンマークの民衆詩（バラード）を翻訳・改変したものでした。もとになった民衆詩の題名は「妖精の王 Ellerkonge」でしたが、ヘルダーは「ハンノキの王 Erlkönig」としました。ヘルダーはデンマーク語の Eller とドイツ語の Erl を混同してしまったのでしょう。

　詩の内容は同じです。結婚式を翌日に控えたオールフという名前の青年は、夜遅くまで馬で招待の家に挨拶に行っていました。すると草原で妖精（ハンノキ）の王の娘たちが踊っているのに出くわし、いっしょに踊らないかと誘われます。しかし青年は明日が結婚式だからといって断りました。高価な品物をあげましょうといわれても断り続けたのです。すると娘たちはこういい放ちます。「オールフさん、どうしても私たちといっしょに踊りたくないのであれば、病毒をあなたにあげましょう。」顔面蒼白になった青年は馬に乗せられて家にたどりつきます。驚いた母親は何があったのかを息子に問いました。すると息子は「僕は妖精（ハンノキ）の王の国に行ったんだ」と答えました。翌朝、花嫁がやってきますが、オールフの姿が見えません。彼女が緋色（ひいろ）の布をめくると、そこにはオールフさんが横たわり、死んでいました。

　ヘルダーの「ハンノキの王」とゲーテの「魔王」との共通点と相違点ははっ

きりしています。どちらも馬に乗った主人公が妖精の誘いを断ったために最後は死に至るという話です。ヘルダーの場合は馬に乗っているのは結婚式を明日に控えた青年、誘ってきたのは妖精王の娘たち、それに対してゲーテの場合、馬に乗っているのは父親とその子ども、誘ってきたのは妖精王となっています。これまで「魔王」（魔王についてはこのあと説明します）という言葉を使用しなかった理由も明らかでしょう。魔王はハンノキという木の妖精の王だからです。ゲーテの詩でも、この王には母親がいて、娘もいることが書かれています。第3節には「僕のお母さんはかわいい服をたくさんもっているよ」とあり、第5節では「娘たちは夜になると輪になって踊るんだ。君のことを考えて、踊ったり、歌ったりするんだ」とあります。つまり、魔王は「三世代家族」なのです。また木の妖精であることから、子どもが聴いた幻聴や幻影も木に関係しています。第4節では父親は子供がいう「妖精の王様が僕に小声で誘っているの」に「風が枯葉を通り過ぎる音だよ」と答えたり、第6節では王様の娘たちを「柳の老木が灰色に見えているだけだ」と答えたりしています。

　妖精の家族は森に住んでいて、人間を妖精の世界に引きずりこもうとしているわけです。ひとたびこの妖精の世界に行ってしまうと、人間の世界では生きていくことはできません。しかし魂は死滅しておらず、妖精の世界で生きているわけです。

　ゲーテの「魔王」で父親が夜遅くに風をついて必死になって馬を走らせていたのは、早く帰宅したかったからでも、子どもが病気だからでもなかったのです。妖精たちが住むこの恐ろしい森をできるだけ早く通り抜けたかったからです。

　ここで少し気になるのが、Erlkönig を「ハンノキ（の妖精）の王」ではなくて「魔王」とする日本語訳です。魔王とは「悪魔や魔物たちの王」のことです。本来は仏教の言葉で、成仏するための修業を妨げる「天魔」のことで、キリスト教では悪魔（サタン）を指します。魔王の家族というのも恐ろしい存在ではないでしょうか。それなのに、魔王たちは花が咲いているところに住み、黄金の品々をもっているというのは滑稽でしかありません。この「Erlkönig」を「魔王」と日本語訳するのは、詩や音楽を理解

するうえでは、あまりいい訳だとは思いません。

　妖精は人間と神の中間に位置する超自然的な存在です。妖精には人間に
害を加えないものもあれば、人をだましたり命を奪ったりする妖精もいた
といわれています。妖精が住んでいる森という自然に対する当時の人々の
恐れが、この訳からは完全に抜け落ちしまっています。それによって擬人
化された恐ろしい王様が子どもをさらって殺害してしまうという、いかに
も現実にありそうな出来事を想像してしまうからです。ここから感じる恐
ろしさも世俗的なものとなるでしょう。

　ヘルダー、ゲーテ、そしてシューベルトは、妖精の王や娘たちが人間世
界に現れて、人間を異次元の世界に連れていってしまうことのほうに、想
像力を膨らませたのでしょう。森はその境にある怖い場所でした。皆さん
のよく知っているグリム童話の「赤ずきん」も、森を舞台にした恐ろしい
話です。

　ゲーテの詩にある父親のこの必死に焦る気持ちを表現したのが、シュー
ベルトの歌曲のピアノ伴奏で聴こえてくる三連音符による同音反復と上行
する音型です。馬の疾走と激しい風を描写しているともいえるでしょう。

シューベルトは１節（４行）×８の詩に作曲するに際して、各節に同じメロディーや伴奏をつけることはしていません。歌詞の内容に従って曲をつけています。このような歌曲を「通作歌曲」と呼びます。

　この詩には、語り手、父親、子ども、妖精の王の４つのキャラクターが登場します。シューベルトはそれぞれに異なる音域で、４つのキャラクターの言葉を語らせています。子どもは高音域、語り手は中音域、父親は低音域であることは、よく理解できます。では妖精の王はどうでしょうか。

　ここで、４つのキャラクターの音域を実際の音名で調べてみましょう。原調のト短調の楽譜で調べてみました。音域的には、父親と子どもの間に位置します。「魔王」であれば、もっと低い音域にしたほうがいいかもしれません。魔王が「ネコナデ声」で誘っていると解釈できるかもしれません。そうすれば、魔王が歌う部分が長調であるのも説明がつくのかもしれません。

４つのキャラクターの音域

子ども　　　　語り手　　　　父親　　　　妖精の王

　しかしそれよりも、魔王ではなく、「妖精の王」であり、「妖精の娘たちの父親」をイメージしたほうがいいのではないでしょうか。長調の音楽でやさしく誘われてこそ、子どもの抱く恐怖もよりリアルになり、強くなっていくように思います。

　ここでシューベルトの《魔王》を聴いてもらうのがいいかもしれません。「魔王」をイメージして聴くのと、「妖精の王」をイメージして聴くのと、聴いたときの印象は変わるでしょうか。確かにいえるのは、擬人化された魔王に誘われて死に至らしめられる恐怖ではなく、妖精の世界に行って現実世界での生命を失うことの恐怖の違いがあるかもしれません。そして後者だと、妖精の世界で魂は生きていて、王の娘たちと「楽しい生活」を送ることになるのかもしれません。

だからといって、いきなり曲名をシューベルトの「魔王」ではなく、「妖精の王」とすればいいというわけではないでしょう。さまざまな混乱が生じるから、というわけではありません。ここには別の視点からの考察も必要だからです。つまり、「魔王」として多くの日本人に聴かれてきたという歴史は無視できませんし、その歴史も決してなんの脈絡もなく形成されたのではなく、歌曲そのものにこの歴史の意味を解明する手掛かりを与えてくれますし、それがまたこの作品の理解にもつながるからです。このような視点を「受容史」的な視点といいます。同じことは、ベートーヴェンの交響曲第5番の「運命」というニックネームについてもいえると思います。

　では最後に、筆者の日本語訳を紹介しておきましょう。

「妖精の王様」
原作：ヨハン・ヴォルフガング・フォン・ゲーテ
日本語訳：久保田慶一

（語り手）
夜と風のなかを抜けて、
馬を走らせているのは誰
なのでしょうか？
それは子どもを連れたひ
とりの父親です。
父親は子どもを腕に抱え、
しっかりとつかみ、温か
くしています。

M. v. シュヴィントによる挿絵

（父親）
息子よ、何を隠そうとしているのかい、
そんなにおびえた顔をして？

（子ども）
見て、お父さん、お父さんには妖精の王様が見えないの？
王冠をかぶって、裾を長引かせた姿が？
（父親）
それは霧がたなびいているだけだよ

（妖精の王様）
「かわいい坊や、おいで、僕といっしょに行こうよ！
いっしょに素敵なお遊びをしようよ。
色とりどりの花がたくさん水辺に咲いているよ。
僕のお母さんはかわいい服をたくさんもっているよ。」

（子ども）
お父さん、お父さん
聞こえないの？
妖精の王様が僕に小声で誘っているのが？
（父親）
落ち着いて、安心していいんだよ。
風が枯葉を通り過ぎる音だよ。

（妖精の王様）
「かわいい坊や、いっしょに来る気はないのかい？
僕の娘たちも君が来るのを楽しみに待っているよ。
娘たちは夜になると輪になって踊るんだ。
君のことを考えて、踊ったり、歌ったりするんだ。

（子ども）
お父さん、お父さん
あそこに見えないの
暗闇にいる王様の娘たちが？

（父親）
息子よ、息子よ、父さんにもはっきり見えるよ
柳の老木が灰色に見えているだけだよ。

（妖精の王様）
「大好きだよ、君の美しい姿がたまらないんだ。
でも君がこっちに来る気がないのなら、
手荒なことをさせてもらうよ。」
（子ども）
お父さん、お父さん、
王様が僕を捕まえ、
連れていってしまったよ！

（語り手）
父親は恐ろしくなって、馬を全速力で走らせ
うめき声をあげる子どもを腕にかかえ、
苦労の末に家に帰りつくことができました。
しかし腕の子どもはこの世の人ではありませんでした。

🎵 **キーワード** 歌曲「魔王」、ゲーテ、デンマークの民話、「妖精の王様」

参考 題名について（89ページ）、「音楽の力」について（56ページ）、音楽と時間について（62ページ）

セクション5

「音楽と社会」のはなし

1．ジャンルについて

　ジャンルという言葉は日常的に使われます。例えば、「私はこのジャンルの音楽があまり好きではない」といったりします。ジャンルとは、芸術作品の種類のことです。しかし決まった基準で分類されたわけではありません。例えば、インターネットで「高校生が好きな音楽ジャンル」（2018年調査）を検索してみると、次のようなジャンルが挙げられています。男子高校生では、J-POP、アニメ／ゲーム、ロック・ポップス、K-POP、クラシック、ジャズ、ラップ・ヒップホップ、R＆B・ソウル、歌謡曲となっています。

　クラシックを挙げた人の数が少ないので1項目になっていますが、これらの項目のなかではいちばん幅広いジャンルでしょう。さらにJ-POPやK-POPはアーティストの国籍によって分類されたジャンルです。またR＆B（リズム・アンド・ブルース）はブルースから発展したジャンルを指して、ジャズなども含まれるでしょう。また最近ではヒップ・ホップ以外の黒人音楽をR＆Bと呼んでいるようです。クラシック音楽や学校音楽に登場するジャンルについても、状況は似ています。

　一般的には、言葉とそれが意味するものは一対一の関係になっています。「りんご」という言葉には、りんごの定義に従って、意味する果物の範囲も、ほぼ決まっています。バラ科リンゴ属の落葉高木樹になる果実がりんごです。クラシックの音楽ジャンルではどうでしょうか。例えば、コンチェルトがあります。協奏曲と翻訳されています。多くの人はモーツァルトのピアノ協奏曲やメンデルスゾーンのヴァイオリン協奏曲などを連想するでしょう。協奏曲は器楽曲というさらに大きなジャンルに属しています。これは紛れもない事実です。しかし16世紀から17世紀、つまり、モーツァルトやバッハが活躍する18世紀よりさらに昔には、コンチェルトは器楽曲ではありませんでした。バッハが誕生するちょうど100年前に誕生して、17世紀のドイツで活躍した音楽家にハインリヒ・シュッツ（1585-1672）

という人がいます。彼の作品には「宗教コンチェルト」と呼ばれる一連の
作品があるのですが、これは器楽伴奏つきの声楽作品なのです。バッハが
のちに「教会カンタータ」へと発展させるジャンルです。

　どうしてこのようなことが生じたのでしょうか。コンチェルトという言
葉はラテン語のコンチェルターレ concertare に由来し、調和する、一致す
るという意味です。つまり、声楽と器楽が調和してひとつの音楽になった
のが、コンチェルトだったわけです。しかしイタリア語で「競争する」と
いう意味のコンチェルターレと混同されたことから、独奏楽器とオーケス
トラがまさしく「競争」する音楽も、コンチェルトと呼ばれるようになり
ました。さらにここからコンサート concert という言葉も生まれました。

　コンチェルトと同様に、さまざまな誤解を生んでいる音楽ジャンルにシ
ンフォニー（交響曲）があります。もとの言葉はギリシャ語のシンフォ
ニア symphonia です。sym は同時にふたつのものが均衡を保っている状
態を意味する接頭語です。ギリシャ語起源の言葉で sym- のついた言葉
はたくさんあります。例えば、symmetry（対称性）、sympathy（同情）、
symbol（象徴）、symposium（饗宴＝いっしょに酒を飲む会）、symptom（兆
候、症状＝いっしょに起きること）などがあります。phonia は音のことで
す。telephone、microphone などは音に関係する言葉です。

　シンフォニアとは、音が同時に鳴っている状態を指します。音程を意味
することもありますし、協和音を意味する場合もありますし、さらに音楽
全体を意味する場合もあります。ただし声楽ではなく、器楽なのです。楽
器によって生じる複数の音が鳴り響いている状態が、シンフォニアです。

　ピアノを習った人なら必ず練習する曲集として、バッハの《2声のイン
ヴェンションと3声のシンフォニア》があります。インヴェンションは創
意という意味で、作曲するときに最初に想起する楽想のことです。シンフォ
ニアはここでは器楽曲、特に3つのパートからなる曲のことです。「交響曲」
のことではありませんので、注意が必要です。

　オペラの最初にオーケストラだけで演奏する器楽曲もシンフォニアで
す。やがてこのシンフォニアだけが、オペラ劇場ではなくコンサートホー
ルで演奏されるようになり、こうした曲がシンフォニアと呼ばれるように

なりました。オペラのシンフォニアがたいてい３つの部分からなり、テンポが速い部分、遅い部分、速い部分となっていたので、コンサートホールのシンフォニアも３部分からなり、テンポも速い、遅い、速いという順になりました。

　こうした３部分のシンフォニアが３楽章のシンフォニアとなり、ドイツではメヌエットの舞曲を追加したことから、速い、遅い、メヌエット、速いという４つの部分からなるシンフォニアが誕生しました。モーツァルトやハイドンなどは、このタイプのシンフォニアを作曲しました。この時代のシンフォニアなら、symphony（交響曲）と呼んでいいかと思いますが、オペラとの関係がある場合には、シンフォニアと呼んでおくのが無難でしょう。

　symphonyを「交響曲」と訳したのは日本の文豪、森鴎外（1862-1922）ですが、彼はギリシャ語の語源をよく知っていたと思います。現代の日本では、シンフォニア、シンフォニー、交響曲という３つの名称が使用されていますが、特にシンフォニアとシンフォニー（交響曲）との区別をしっかりとしておくことが大切でしょう。

　シンフォニアは器楽曲を意味するといいましたが、実はもうひとつ重要な観点があります。シンフォニアがオペラの最初に演奏されていたことから、シンフォニアあるいはシンフォニーも含めてですが、大きなイヴェントの最初に演奏する曲という役目を担っていたということです。例えば、モーツァルト時代の演奏会は、現代の演奏会よりもずっと長い時間をかけてさまざまなジャンルの音楽を演奏していたのですが、必ず最初に演奏したのがシンフォニア、とりわけ４つの部分のうち最初のふたつの楽章でした。そして残りのふたつの楽章は、演奏会の最後の締めくくりで演奏したのです。現代では４つの楽章はひとまとまりとして演奏されていて、作品としてのまとまりを保っているように見えますが、そのように考えるのは19世紀以降、つまりモーツァルトの死後の演奏習慣に由来します。

　ここでは、コンチェルト（協奏曲）とシンフォニー（交響曲）について、ジャンルの名称とそれが意味するところのものを見てきました。これらふ

たつに限りませんが、ジャンルとその名称というのは、音楽そのものだけでなく、どのような機会に、どのような場所で演奏されるのかという視点からも分類され、命名されてきたということが大切です。

　最初の「高校生が好きな音楽ジャンル」に戻ってみましょう。こうした多様なジャンルの存在が現代の音楽の姿を映し出しているのであって、りんごとみかんを区別するようには、明確に区別できないことも明らかになったと思います。

　ここではジャンルについてお話しましたが、同じことは他の音楽用語についてもいえます。ひとつだけ例を挙げておきましょう。本書のセクション4の「3．対比について」（108ページ）では、中学校の音楽の授業でよく鑑賞する教材であるベートーヴェンの交響曲第5番「運命」の第1楽章を例としてとりあげています。鑑賞の授業ではこの楽章が「ソナタ形式」で作曲されていて、第1主題と第2主題という対比的な主題が用いられていることを説明しました。

　しかし「ソナタ形式」と「ふたつの主題」は決して絶対的なものではありません。作曲家がソナタという題名をつけなかった曲も「ソナタ形式」で作曲されていますし、またソナタという題名であっても、ソナタ形式で作曲されていない場合もあります。さらにソナタという題名をもち、ソナタ形式で作曲されていても、第2主題のない曲、つまり、第2主題が第1主題の変奏である曲も、たくさんあります。名曲を解説した文章のなかには、何が何でもこれが第2主題だと説明している場合があるので、気をつけなくてはなりません。要するに、名称には気をつけなくてはいけないということです。実際に音楽を聴き、楽譜を見ることが大切です。

キーワード ジャンル、ジャンルの名称と実体、コンチェルト（協奏曲）、シンフォニー（交響曲）、ソナタとソナタ形式

参考 対比について（108ページ）

2. コピーライトについて

　コピーライト copy right は日本語では「著作権」と訳されていますが、原語と日本語が対応していません。コピーは複製ですので、コピーライトは「複製権」となるはずです。ではなぜ copy right というかというと、著作権という考え方は 19 世紀以降に誕生した比較的新しい考え方で、それ以前は「複製権」しか存在しなかったからです。つまり、複製権という考え方に、新たに著作権という考え方が加わり、もとの言葉がそのまま残ったというわけです。

　複製権とはもともと出版社に認められた権利でした。ある出版社がひとりの作家の本を出版して、その本がとても売れたことから、別の出版社がそのまま複製して出版したとします。これを「海賊版」というのですが、このような海賊版が市場に出回ると、もとの出版社は本の売れ行きが減少して、本来得られる利益が得られなくなります。そこで一定期間、複製を認めない権利をもとの出版社に認めて、その権利を保護するのが、複製権でした。もとの出版社に認められた出版独占権であるといえるでしょう。やがて作品が著者の精神的労働の産物であるという見方が一般化すると、作品は著作者の所有物として認められ、出版や複製する権利がむしろ著作者に認められるようになります。著作者のこのような権利が「著作権」と呼ばれるものです。

　作品を出版したり複製したりすることで経済的利益を得ることができるので、著作権は財産権でもあります。著作権に関する問題は経済問題でもあるので、例えば、国どうしが貿易協定を締結する際にも、著作権が重要な話題のひとつとなりますし、著作権を金銭で売買することもできます。作品を創作した時点で著作者が著作権者（オーナー）になりますが、それ以外の人が著作権者（オーナー）になることもできるわけです。

　著作権は財産権なのですが、同時に、著作者としての人格や人権を保護する法律でもあります。作品は著作者の人格の表現であると考えられ、「著

作者人格権」が認められているのです。そして「著作者人格権」は他人に譲渡することができません。例えば、部活の吹奏楽団が演奏会を開催する際に、地元の作曲家に作曲を依頼して、新曲を提供してもらったとしましょう。そのときその作曲家が作品の著作権は吹奏楽団に譲渡しますといって、吹奏楽団もお金を支払ったとします。つまり、吹奏楽団が作品の著作権者になったわけです。その後何度か吹奏楽団でこの曲を演奏したのですが、曲の最後が少し寂しいので、指揮者がトランペットのパートを追加したとします。このときに作曲者の了解をとらずに追加してしまった場合、これは「著作者人格権」を侵害したことになります。つまり、著作者の許可なしに、作品を改作したり修正したりできないのです。

　著作権には、財産権と人格権というふたつの側面があること、そして財産権は譲渡できるが、人格権は譲渡できないということが、とても大切なことです。「著作者人格権」を譲渡する約束をしてもそれは無効で、放棄もできないので、「一身専属権」と呼ばれたりします。

　著作権には、もうひとつ重要な権利、「著作隣接権」があります。例えば、歌手が歌の CD を発売したとしましょう。その場合、歌詞を作詞した作詞家とメロディーを作曲した作曲家には、まず著作権が認められますが、勝手に改作されたりしない著作者人格権も同時に認められています。そしてさらに著作権者以外の、例えば、作成した CD が無断で営利目的に使用されないよう、実際に歌を歌ったり演奏した演奏家や、CD を録音・製作した CD の製作会社など、著作物の普及に貢献した人に認められているのが「著作隣接権」です。歌手のような演奏家のほか、俳優や声優などにも認められています。またここにも人格権が認められているので、CD に録音された演奏を勝手に改変することは認められません。

　著作権全体を整理しておきましょう。著作権には、まず著作物に認められた権利としての著作権と、実演者に認められた著作隣接権のふたつがあり、それぞれに著作者人格権が認められ、譲渡や保管できることから財産権として権利もあるわけです。これを整理すると、次ページの図のようになります。日本では「著作権」といった場合に、図の①～③までの3つの意味で用いられますので、今、どの意味の著作権について話をしているの

かをはっきりさせておく必要があります。

著作権の構造

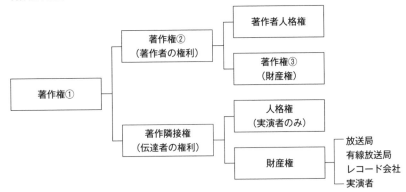

岡本薫『著作権の考え方』（東京　2003）、p.10 を参照して、筆者が作成

　21 世紀になってインターネットや IT 技術が発達したことによって、著
作権をめぐる環境がずいぶんと、そして急激に変化しています。音楽にし
ても映像にしても、すべてデジタルデータに変換されてしまいますので、
創造の可能性は拡大されましたが、同時に誰でも創造できる、つまり誰で
もクリエーターになれますし、デジタルデータなので誰が作ったのかもわ
かりませんし、またあとから改変することも容易にできます。著作権の関
係でいえば、誰が著作者であるのか、判別できない状況が生まれています。
2020 年の東京オリンピック・パラリンピックのエンブレムの問題も、まさ
にこのような状況から生まれたのでしょう。

　もっと身近な問題として、ネット上での楽曲の扱い方があります。例え
ば、販売されている CD の音楽を YouTube などにアップして、不特定多
数の人が聴くことができるようになると、その CD は売れなくなります。
著作権は複数の権利から構成されていますが、そのうちのひとつ——これ
を支分権といいます——「公衆送信権」を侵害しているのです。また違法
にアップされていると知りながらそのデータをダウンロードした場合も、
著作権法に反します。これがいわゆる違法ダウンロードの問題です。つま

り、著作物をネットにアップしたり放送したりする場合には、著作者の許諾が必要なのです。

　このように著作者や著作物には権利が認められているのですが、しかしこの権利があまりに強すぎて、作品を演奏したり公開したりする際の障害になっては、元も子もありません。そのために著作権ではその権利を制限しています。これを「権利制限」といいます。どのような場合に著作者や著作物の権利が制限されるのかというと、例えば、私的使用のための複製があります。自分の勉強や楽しみのために、楽譜をコピーしたり、音楽を録音して聴いたりすることは、著作者の許諾を原則として必要としません。図書館にある本を自分の学習のためにコピーする場合も同じです。また入場料をとったりギャラをもらったりしない、つまり完全に非営利な演奏会であれば、どんな曲を演奏しても著作権の侵害になりません。最後に、卒業論文やレポートのような研究などでは、他の人の研究の一部を引用することもできます。大学生なら、このような引用に関する指導は大学のゼミなどで受けているはずです。

　著作物というのは、「思想又は感情を創作的に表現したものであって、文芸、学術、美術又は音楽の範囲に属するもの」と、著作権法第2条の最初に定義されています。表現する人は一流の芸術家でなくてもかまいません。幼稚園児が描いた絵も著作権法で保護されていることを、忘れないでください。もちろん皆さんの書いた詩、作文、あるいは絵画など、すべて創作的に表現したものには、著作権があります。

🔑 **キーワード** 著作権、著作者人格権、著作隣接権

参考 リベラル・アーツとしての音楽について（50ページ）、音楽の仕事について（132ページ）

3. 音楽の仕事について

　音楽の仕事をする人は一般的に「音楽家」と呼ばれます。仕事の内容によって、「演奏家」、「作曲家」、「編曲家」のように区別されます。また演奏家でも、演奏する種類の楽器によって、ピアニスト、ヴァイオリニストと呼ばれ、歌手の場合には「声楽家」と呼ばれます。これに対して、「ミュージシャン」というと、ポピュラー音楽の音楽家を意味することが多いようです。またこの分野では、アレンジャー、シンガーソングライターなど、カタカナ語が多いように思われます。しかしここでは、クラシック音楽やポピュラー音楽を問わず、音楽の仕事をする人を指して「ミュージシャン」という言葉を使用しているので、読者の方それぞれで、具体的にどのような仕事をするミュージシャンなのかを想定して、読んでいただければと思います。

　音楽の仕事の話をする場合に、最初に考えなくてはならないことは、プロとアマチュアの区別です。最も簡単な区別として、プロは音楽の仕事でお金をもらう人、アマチュアはそれをボランティアでする人という区別が思いつきます。しかしこの区別は、プロとアマチュアがそれぞれどのような人であるかを説明していません。プロといわれている人が、ボランティアで活動することもありますし、アマチュアの人も演奏に対して金銭的な報酬（ほうしゅう）を得る（それだけで生活はしていけない金額かもしれませんが）こともあります。

　ここで「プロ」という言葉について考えてみたいと思います。プロは「プロフェッション」あるいは「プロフェッショナル」というカタカナ語の略です。英語では profession あるいは professional と綴（つづ）ります。これらの英単語の語源にあるのが、ラテン語のプロフェッシオ professio という言葉です。意味は「人前で公言する」ことです。特に聖職者となった人が「神への信仰と帰依（きえ）」を公言することを意味します。ここから自分の職業を公

言することから、職業そのものを意味するようになりました。

　プロフェッションは、どんな職業でもいいというわけではありません。人に雇われて仕事をして、自分の労働や時間を提供して、お金を稼ぐような仕事ではありません。そうではなくて、専門的な教育を受けて、一般の人よりはその仕事で抜きんでて、他人に雇われるのではなく、自分の意志でその仕事に従事しているような職業です。プロフェッションの典型的な職業が聖職者であり、さらには医師であり、学問を研究する人なのです。現代でも大学教授は「プロフェッサー」といいます。

　こうした職業に従事する人は、他人に雇われていませんので、労働（勤務）時間が決まっていません。町の開業医を考えてみてください。診療時間を過ぎていても、患者がやってくれば治療するかもしれません。また勤務時間に拘束されないことから、比較的自由に時間を使うことができますが、だからといって、遊んでばかりいる人はいません。学会や協会に所属して、自己研鑽（けんさん）を積んでいるはずです。また学会や協会では倫理規定を定めて、社会から自由である分、「自律」することが求められています。医師や弁護士が定められた倫理規定に違反をすれば、医師免許や弁護士資格は剝奪（はくだつ）されなくても、医師会や弁護士会から、除名処分にされてしまうかもしれません。

　自己研鑽に専念すると同時に、仕事の結果について自ら責任を負わなくてはならないのがプロです。プロのアスリートなら、試合に負けたとしても、天候やグランドのコンディションが良くなかったからといった弁解はしないでしょう。あくまでも自己管理ができていなかったというのではないでしょうか。

　これまで述べたような条件を満たしていれば、その職業は「プロ」の仕事であるといっていいでしょう。例えば、路上ライブでギター片手に歌を歌っている若者はどうでしょうか。自己研鑽を積んで、人に聴いてもらえるようなギターと歌の演奏ができるのであれば、プロであると自称してもいいのではないでしょうか。聴いている人がポケットマネーをギターケースに入れてくれれば、それが報酬になります。

　もちろん自己管理が大切ですから、病気になって演奏できなければ、た

ちまち無収入になってしまうので、安全対策（セイフティーネット）をして、備えをしておかなくてはなりません。つまり、自由に職業選択できる分だけ、自分の人生は自分で責任をもたなくてはなりません。これは一般的な意味での自己責任ではありません。確かに生まれ育った環境によって、人生の選択肢が制限されてしまう場合もあるでしょう。そうした場合それは社会全体で解決しなくてはなりません。しかしプロになる、ならないという人生の選択肢が制限されずに自分で選択できるとしたら、恵まれた状況にあるといわなくてはならないでしょう。

　では、音楽の仕事にはどのようなものがあるでしょうか。どうしても演奏や作曲だけを音楽の仕事と思ってしまいますが、決してそうではありません。音楽の知識や経験が必要とされる仕事はすべて、音楽の仕事なのです。ここですべてを紹介することはできませんので、ごく一部について説明しておきましょう。

　クラシックやポピュラーに限らず、コンサートは音楽の仕事が結集されたものといえるでしょう。演奏家、作曲家、編曲家のほかにも、音響、照明、セッティングなどの会場設営に関係する仕事、こうした会場での仕事に従事する人や演奏者などのスケジュールや予算などのマネジメントに関係する仕事、楽譜の準備や著作権管理に関係する仕事などがあります。いずれの仕事でも、音楽大学・音楽に関連した学部を卒業する必要はありませんが、音、音楽、楽器、演奏、楽譜に関する知識が必要となります。

　大きなホールでの演奏にはさまざまな仕事が結集されますが、その反対に、フリーランス（個人事業主）で音楽活動をする場合には、ひとりでいろんな仕事をこなす必要が出てきます。例えば、コンサートの開催を宣伝するために、公式サイトを立ち上げたり、フェイスブックなどに投稿したりしなくてはなりません。スケジュールやギャラの交渉もしなくてなりませんし、チケットの販売もしなくてはなりません。コンサートではMCもして、演奏曲の解説もしなくてはなりません。こうしたソロ活動で十分な仕事があって生活していければいいのですが、そうでない場合は、副業もしなくてはなりません。副業をするためにも、知識や経験が必要になるか

もしれません。

　音楽の仕事は多様ですが、その多様な仕事を、ひとりの音楽家がこなす時代になりました。これまでは、音楽の仕事だけをしていればよかったのに、どうしてこのようないろんな仕事をするようになったのでしょうか。「するようになった」というより、「できるようになった」というべきかもしれません。その背景の最も大きな要因が、IT技術とインターネットの発達でしょう。かつてはCDを発売するのにも大きな会社と契約しないと、制作や発売、そして販売もできませんでした。しかし今では自分で録音・録画してYouTubeにアップすれば、音楽を発信してかつ収入にもつながります。だれでもがクリエーターになれる時代になりました。このような状況はクラシックだけでなく、ポピュラーの世界に共通していますし、日本の伝統音楽の世界でも同じです。また世界各地の民族音楽も、観光産業と連携して音楽情報の発信に熱心です。

　学校を卒業して社会人になると、多くの人がなんらかの仕事をして生活をしていきます。このような生活と音楽とはどのように関係するのでしょうか。ひとつは、音楽の仕事をして生計を立てるという場合があります。つまり、音楽のプロとして音楽と関わり、音楽の仕事は同時に報酬をもたらします。逆にいえば、報酬に見合うだけの仕事ができないといけないわけです。もうひとつは、趣味として音楽活動を行う場合があります。生活するためのお金は別の仕事で稼ぎ、音楽活動によって報酬を得ることはありません。しかし人前で演奏する以上は恥ずかしくない演奏をしたいわけですから、先生についてレッスンを受けるというようなこともあるでしょう。そして最後にもうひとつ、その中間的な形があります。つまり、生活するためのお金は音楽以外の仕事で稼ぐが、音楽活動でも報酬を得るという場合です。このような人を「セミプロ」という場合があります。音楽と音楽以外で得る収入の割合は人それぞれですし、音楽以外の仕事もアルバイトだったり、契約社員で働いたり、正社員として雇用されて働く場合もあります。

　高等学校や大学までクラブ活動やサークル活動でなんらかの形で音楽活

動をしてきたという人は、ぜひとも社会人になっても、音楽活動を継続してもらいたいものです。プロの人にレッスンを受けてセミプロのようになってもいいですし、社会人として音楽大学に入学してもいいかもしれません。

🎼 キーワード プロフェッショナル、プロフェッション、フリーランス

参考 リベラル・アーツとしての音楽について（50 ページ）、危機の時代における音楽（140 ページ）

4. 音楽の学習について

　今この本を読んでおられる方の年齢はさまざまだと思います。この章でお話する内容は、主に中学生や高校生のために書かれています。もちろん大学生以上の方にお読みいただいても、なんら差し支えありませんし、今のご自身にあてはめてみて考えていただくこともできます。

　日本の中学校や高等学校では課外活動（部活動）として音楽活動が盛んです。合唱、吹奏楽、軽音楽などでしょうか。ここでは特に、合唱と吹奏楽についてお話をしたいと思います。このふたつの分野には全国的なコンクールがあって、コンクールでの優勝や入賞をめざして日々練習にはげんでいる方も多いかと思います。ここで私が注目したいのは、中学校や高等学校での課外活動としての音楽活動を終えたあとのことです。
　例えば、中学校や高等学校では吹奏楽に打ち込み、大学でも吹奏楽のクラブに所属する人もいれば、また音楽大学に進学する人もいるかもしれません。しかし大学進学後、または大学卒業後に多くの人は音楽活動を止め

てしまいます。就職する人もいるかもしれませんが、職場での音楽活動も昔ほど盛んでではありません。近年では「ママ・ブラ」といって、子育てが一段落したママさんたちが、再び楽器を手に、活動をはじめたりしていますが、それもまだ一部でのみです。

　中学校や高等学校での音楽活動を、コンクールのためだけの活動にしないでもらいたいと思います。コンクールについてはその是非をめぐっていろんな議論があるようですが、卒業後も音楽活動を継続している人が多くなれば、コンクールに対して否定的な意見をもっている人も少しは安心するかもしれません。少し難しい表現かもしれませんが、コンクールを「自己目的化」しないようにしてもらいたいと思います。

　吹奏楽で楽譜の読み方がわかり、アンサンブルを楽しみ、音の協和や不協和を経験したわけですから、他のジャンルの音楽や他の楽器にも興味をもっていただければと思います。吹奏楽の誕生の基礎にあったクラシック音楽の歴史や理論について、学ぶのもいいかもしれません。この本のタイトルが「14才からの」となっているのもそのためです。楽典や歴史だけにとどまらず、音楽と社会の関係や音楽を聴くとはどういくことなのかという、哲学的な内容にまで説明が及んでいるのもそのためなのです。この本を読むことで、音楽の広い世界に目と耳を向けてほしいと思います。

　中学校や高等学校での音楽活動において、なんらかの音楽作品を演奏することで、多くのことが学べると思います。演奏者であると同時に、音楽を聴く人、聴者であるということも、忘れてはいけないと思います。

　本書ではここまでに音や音楽について、さまざまな視点から観察してきました。ここでお話した内容について、生涯にわたって経験を深めて、そこからまた視野を広げていっていただくのがいいと思います。ここでは、これまでお話したことを整理しつつ、さらにそれを生涯学習としてどのように継続すればよいのかについて考えてみたいと思います。

　音や音楽は目に見えない、とても抽象的な存在です。そして電子楽器は別として、声や楽器の音という自然の素材を配列することで音楽は成立します。音は一定時間を経過すると減衰して消え、次に音が聴こえてくるこ

とで、音が時間の経過のなかに現れては消えているのですが、音が時間を創造しているともいえます。横一列に並べられた電球を順番に点滅すると、電球の光が移動しているように見えるのとよく似ています。

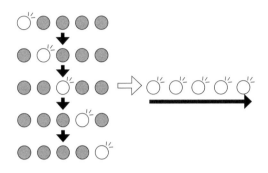

　音楽作品の鑑賞に一定の時間を必要とするのは、音の減衰という性質によっています。そして、継続して現れる音を記憶して、次の音につなげていくには、単に音を記憶するだけでなく、積極的な意思の働きが必要です。また目に見えない音の連続をイメージして、ひとつの形として認知する必要もあります。例えば、「きらきら星」の主題の輪郭（りんかく）を認知するには、抽象的な思考能力も必要とされるでしょう。

　ここまでの段階であれば、音楽作品を音の構築物として対象化しているだけですが、私たちが音楽を聴く場合には、音楽が作りだす時間を心理的に経験することで、同時に、情動（じょうどう）が喚起（かんき）され、感情が生み出され、時間とともに変化することを経験するわけです。喚起される感情は具体的でない場合もありますし、情景を連想したり、過去の思い出を想起したりする場合もあるでしょう。

　この感情はきわめて個人的なものであり、主観的なものです。音楽作品の成立や作曲家についての知識からのように、すべての人に共通して得られる感情ではありません。鑑賞教育が陥（おちい）りやすい過（あやま）ちもここにあると思います。こうした知識を前提にして、この曲はこのように聴こえます、こう聴くべきですと、誘導してしまうことになりかねないからです。鑑賞教育の指導者は、学習者が生まれつきもっている「音楽の力」を信じるべきな

のです。

　こうした音楽鑑賞の方法であれば、学校教育で、この曲はどの学年で聴かせるべきかなどを考える必要はないわけです。どうすれば、聴く人がこの曲を聴いて個人的に大切な感情を喚起できるのかを考えるべきなのです。

　本書では、ベートーヴェンの交響曲第5番「運命」とシューベルトの歌曲《魔王》に比較的多くの紙幅を割いて説明しました。その理由が、これらの曲が中学校の音楽の授業での鑑賞教育の定番の「教材」になっているからです。

　交響曲第5番を鑑賞するに際しては、小学生高学年ならリズム動機を手でたたくゲームをしてもいいでしょうし、中学生ならリズム動機で創作をしてもいいかもしれません。高校生なら楽譜を見て動機労作の仕方を「追創造」してもいいでしょう。さらに成人であれば、自らが経験した「運命的」な出来事を追想してもいいかもしれないし、ベートーヴェンの音楽のどのよう特徴がこのような追想を可能にするのかを考えても、いいのではないでしょうか。さらにさまざまなオーケストラや指揮者の演奏を聴いて、演奏の水準を比較したり、解釈の相違——テンポや強弱の変化——から演奏者の意図を読みとったりすることもできるでしょう。

　シューベルトの歌曲《魔王》であれば、歌詞を語って、歌曲の伴奏を背景にしてお芝居をしてもいいでしょうし、ひとりの歌手がどのように4つのキャラクターを歌い分けているのかを調べてみるのも、いいかもしれません。成人であれば、ドイツ文化における森や妖精についての本を読み、超自然の世界と人間の関係に思いをめぐらすのもいいでしょう。

　音楽作品を通して、自己の発見があり、自己の成長があります。こうした経験を思春期の頃からぜひ経験してもらいたいものです。小説を読んだり映画を鑑賞したりするのと、よく似ています。自分が現実世界では経験できないことを経験することで、自己が成長していくからです。

　学校の部活の合唱部で合唱曲を歌い、吹奏楽部で吹奏楽曲やクラシック音楽の編曲を演奏することでも、同じような経験をしてほしいものです。コンクールで入賞することを目的にしてもかまいませんが、それだけを目

的にしないほうがいいと思います。音楽作品の抽象的な世界を経験して、大いに想像力を鍛（きた）えてください。大いに「音楽の力」を豊かにしてください。そして大人になっても、たとえ楽器を演奏していなくても、音楽を通して自己成長していけるように、音楽との関りを継続させてください。そうすることで、あなたの人生はより奥深く、豊かになっていくでしょう。

🎧 **キーワード** 生涯学習、コンクールの意味、音の抽象性、音楽鑑賞、自己成長

参考 リベラル・アーツとしての音楽について（50 ページ）、「音楽の力」について（56 ページ）、音楽と時間について（62 ページ）

5. 危機の時代における音楽

　芸術活動の歴史を眺めてみると、芸術にはふたつの種類があると思います。ひとつは、芸術家や芸術活動が、芸術以外の何かの目的に奉仕することで報酬（ほうしゅう）を得る場合です。もうひとつは、芸術家が自分を表現することで、その表現や表現物に対して対価が支払われる場合です。

　17 世紀以前のヨーロッパでは、王侯貴族の権力の象徴、あるいは宗教活動の一部として芸術が利用されてきました。芸術は権力や宗教のために存在し、芸術家の個性は認められませんでした。しかし 18 世紀以降になると、芸術家の個性が尊重され、芸術は芸術家の自由な表現であると認められました。従って報酬を得るというのが第一の目的ではなくなったのです。政治的権力から自由であることが芸術家の特権でありましたし、逆に、社会は芸術に対して政治的・社会的な役割を求めなくなりました。

　社会主義や共産主義の国や時代では、芸術には社会への奉仕が求めら

ていました。そのために、芸術家の個性や自由は認められず、政治的な行動も社会に沿うものでないと、認められていません。こうした政治体制でなくても、芸術の自由な活動が制限される場合があります。日本の場合を考えてみましょう。

第2次世界大戦（アジア・太平洋戦争）で日本がアメリカやイギリスと戦争しているときには、アメリカやイギリスの音楽は「敵性音楽」と呼ばれて演奏や鑑賞が禁止されました。そのとき同盟関係にあったドイツやイタリア、あるいは中立条約を結んでいたソヴィエトの音楽は盛んに演奏されていましたし、また日本人の作曲家の曲も演奏会で演奏するよう求められていました。

1973～74年の日本は第1次オイルショックに襲われ、石油の輸入先の中近東で戦争が起こって、輸入される石油が不足しました。ときの政府は電力の節約を要請し、夜のネオンサインなどはすべて消えたという期間もありました。当然、夜の演劇公演やコンサートも制限されました。同じようなことは、2011年の東日本大震災後の福島第1原子力発電所の事故でも発生しました。各地で計画停電が行われ、震災後ということもあって、芸術活動も停滞したことはまだ記憶に新しいことでしょう。

昭和の時代から平成の時代に代わる時期も、日本は自粛ムードにおおわれました。1988年末から翌年の3月頃までです。昭和天皇が亡くなる直前は、ニュースで毎日病状が報道され、亡くなられて平成の時代に代わっても、政府から「歌舞音曲」を慎むようにとの「自粛要請」があり、多くの公演やコンサートが中止されたのです。平成から令和へ代わった際は、生前退位であったことから、祝賀ムードでしたので、ずいぶんと様子が違いました。

さらに2020年の新型コロナウイルス感染拡大による「自粛」もそうです。過去の例からもわかるように、日本人は政府から「自粛」してほしいという要請があれば、素直に従う国民性があると思います。これはこれでいいと思いますが、今回のように、自粛はしたけれど何も補償がないというのでは、なかなか休業することは難しいでしょう。しかし俳優や音楽家は自粛で公演がなくなっても、ほとんどの人が補償金（キャンセル料）などを

得ていないという調査結果も出ていますので、大きな問題となりました。

　この「自粛」を半ば強制されている状況で、政府は国家公務員法の改正と同時に検察庁法の改正を強行しようとして失敗しました。これの何が問題かは各自で調べてください。興味深いのは、失敗となった理由にSNS上で世論の反対が大きくなったことがありますが、そのきっかけが、女優の小泉今日子さんのハッシュタグでした。しかしこの発言に対して、女優や歌手が政治のことに口を出すなという、心ない言葉もSNS上では拡散しました。芸術家は社会のことに口を出すなというのは、この節の最初にお話ししたこととつながります。つまり、芸術家の自由な発言を抑え込もうとする人たちも、世のなかに存在するということです。コロナウイルスという人間の目には見えないものによって、これまで見えてこなかった政府や社会の問題が見えてきたというのは、なんとも皮肉なことです。

　社会学者の大澤真幸さんは『コロナ時代の哲学』という本のなかで、キリスト教の聖書になかにある「ノリ・メ・タンゲレ（私に触れるな）Noli me tangere」というよく知られた言葉に注目されています。『ヨハネによる福音書』二十章十七節にある、イエスの一言です。イエスは十字架刑にかけられ三日後に復活しましたが、復活後にマグダラのマリアにいった言葉です。イエスはもはや人間が触れる存在ではないが、しかしすべての人のところにあるという意味です。十字架に架けられるまでのイエスは、手をかざして病人を癒してきました。このことを考えると、「触れないことの愛」には「触れる」という前提があると考えられます。触れることを完全に排除してしまうことは、できないということになります。新型コロナウイルスの感染拡大を予防するために、私たちはマスクを着用し、人と人とが直接的に接しないようにしています。ソーシャル・ディスタンスとして距離をとるのは、他人を感染させないため

A. ダ・コレッジョ『ノリ・メ・タンゲレ』
（1495年）

の「愛」だといえるでしょう。マスクの着用は自分への感染を防ぐことはできないが、他人が感染することの予防になるわけです。

　ここで音楽に目を戻してみましょう。小学校や中学校の音楽科授業では、感染状況に応じて、合唱や合奏の活動が制限されました。またコンサートホールでも入場者数が制限され、演奏者たちも距離を保って「アンサンブル」をしなくてはなりません。さらには、完全にオンラインでコンサートを配信することも、実施されるようになりました。しかしこれまで音楽関係者は、音楽は「生で聴く」のが一番だといってきたはずです。ここにきて、「触れない愛」と同時に、何が失われてしまうのかに、思いを馳せる必要があるでしょう。一時、会場の入場制限は緩和されましたが、それでも「ノリ・メ・タンゲレ」は私たちの頭の片隅から離れません。

　合唱は児童・生徒の学校生活においてとても重要な役割を担っています。校歌を歌う、学校合唱コンクールでクラス一丸となって課題曲に取り組む、運動会で応援歌を歌う。子どもたちの心がひとつになるわけです。多くの人間が同じ場所で、同時に、声を合わせる、つまり、息（ブレス）を合わせて、同じ言葉を歌うことは、日常生活にはない「場」と「時間」です。「ハレ」の世界です。

　息は「生き」に通じます。息を吹き込むは再生させることであり、息を引き取るは死ぬことです。ラテン語で「息」は「スピリトゥス spiritus」で、ここから「精神」を意味する英語の「スピリット spirit」という言葉も生まれました。精神を吹き込むことが「インスピレーション inspiration」となります。そして言葉には人を動かす力があり、その力は霊的でもあるのです。日本語でも昔から「言霊」という言葉があります。ルネサンスの画家フラ・アンジェリコ（1395–1455）の傑作に『受胎告知』という宗教画

F. アンジェリコ作『受胎告知』（1440 年）

があります。天使ガブリエリがマリアにイエスを身ごもったことを伝える場面を描いたものですが、そこでは天使ガブリエリはマリアに「息」を吹きかけ、その「息」には受胎を伝える聖書の言葉が記されているのです。

　合唱では参加する人たちが、同じ場所で同じ時間、「生きる」ことを共有するわけです。そして同じ言葉を通して「霊的なつながり」をもちます。しかしコロナの感染予防で合唱が禁止されるとなると、合唱は同じ場所で同じ時間に、エアロゾルを通してウイルスを交換する場と時間になってしまったわけです。きわめて生物的な対応しかされていないわけですが、合唱とは本来、生きるための「生物的な」行動なのです。太古の昔、人々は狩に出る前に声を合わせて叫び、恐怖を打ち消し、獲物を得ては喜びを共有しました。

　このことは合唱だけでなく、器楽についてもいえるでしょうし、プロのオーケストラの演奏についてもいえるでしょう。筆者も自粛期間中に、プロのオーケストラや海外のオペラの配信を鑑賞して、それなりに楽しかったのですが、それも「生の音楽」をすでに経験しているからであって、もしそういう経験がなければ、そこまで心に響く音楽にはならないのではないだろうかと思っています。

・・・

🎵 キーワード　ソーシャル・ディスタンス、声の精神性、合唱

・・・

参考 リベラル・アーツとしての音楽について（50ページ）、「音楽の力」について（56ページ）、音楽と時間について（62ページ）、音楽の仕事について（132ページ）

コラム8　コロナ時代の音楽の仕事について

　世界各地で猛威をふるっているコロナ禍ですが、各国政府は感染拡大の防止と経済活動の再開というジレンマに悩んでいるようです。この原稿を書いている2021年5月には感染の第4波が猛威を振るっています。コンサート活動も入場制限を実施して、かろうじて再開されているようですが、コロナ

以前の状態には戻っていませんし、戻らないかもしれません。そして「新しい生活」あるいは「ニューノーマル」の時代になるのかもしれません。

　感染症によるパンデミックや戦争のような非常事態、あるいは天皇の崩御などでは、音楽のような芸術活動は自粛すべきものと思われています。音楽が「遊興」であると見なされているからなのかもしれません。欧米ですと、著名人の追悼のために一晩中、クラシック音楽を放送したりします。最初にお話したことに戻ってきました。「ミュージックは神聖な世界に属するもの」という言葉を思い出してください。

　しかし音楽家をはじめ、芸術家の生活はなかなか大変です。オーケストラの正規団員（雇用契約を結んでいて、解雇されない人）はまだいいですが、非正規やエキストラの人たちはまったく仕事がありません。日本では正式な契約を結ぶことなく、仕事を請け負うことが多いことから、芸術家たちは事業者に対して強く自分たちの権利を主張することもできないようです。欧米ではエージェント制が徹底していますので、このようなことにならないのかもしれません。日本では契約書の話をすると、うるさがられて仕事がもらえないことが多いという、厳しい現実があります。

　今回のように不測の事態に備えて、今後、フリーランスで働く人は、どのような準備をしておく必要があるでしょうか。理想的なことをいえば、正規雇用されて働くか（芸術活動は制限されてしまう）、副業をもつという選択肢しかないようです。副業といっても、アルバイトのような仕事ではなく、あなたの知識や技能を活かした仕事であるほうが安定していますし、収入もいいでしょう。芸術系の大学・短大を卒業してから、あるいは在学中にセカンドスクールに通って資格をとってもいいかもしれません。副業はひとつである必要はありません。ふたつあっても、困りません。要するに、収入源をひとつにしないということが、これから生きていくうえでは必要でしょう。

第3刷によせて――

　日本社会がコロナウィルス感染拡大に震撼したここ3年半の間に、音楽の仕事を取り巻く環境も大きく変化しました。オンラインによる演奏の配信や音楽レッスンを経験した方も多いでしょう。ポスト・コロナの時代にはオンラインと対面による音楽活動のいずれもが選択可能になるでしょう。今後はそれぞれのメリットを生かした音楽活動が求められるでしょう。

おわりに

　筆者はこれまで大学で教鞭をとってきました。すでに37年という長い年月になっています。最初に赴任した大学は芸術系の短期大学でしたが、そこで5年勤務した後は、国立大学の教育学部で26年、将来、学校の音楽科教員になる若い人たちに、音楽史や音楽理論を教えてきました。そしてその後、音楽大学でも10年間、勤務しました。ここでは将来、音楽家になって活躍したいという若者と多く出会いました。

　この間に世界や日本の社会も大きく変化しました。1989年にベルリンの壁が崩壊し、1991年には東西ドイツが再統一、ソビエト連邦が解体され、第2次世界大戦後の冷戦も終わりになりました。その結果、新自由主義による資本主義経済が安定的に成長して、人々の生活もよくなると思われましたが、2001年に「アメリカ同時多発テロ事件」が、2008年にはリーマン・ショック、日本では2011年に東日本大震災と福島第1原子力発電所事故が起き、そして2020年には新型コロナウィルス感染拡大が世界で多くの人の生命を奪いました。またロシア軍がウクライナに侵攻し、戦争状態は今なお続いています。

　こうした時代や社会の変化に伴って、音楽の世界も大きな影響を受けています。特に、音楽を職業にしたいと思っている人、そして実際に音楽家となっている人たちも、インターネットやICTの発達の恩恵を受けているものの、現実の生活や将来について、決して楽観できる状況にはなっていません。

　私事に戻りますが、筆者はこれまで音楽を専門に学ぶ若者と関わってきましたが、2020年4月からは、経済学部や経営学部などで学ぶ若者に一般教養として音楽を教えています。赴任して驚いたのですが、高校生までに積極的に音楽活動をしてきたという方が意外と多いのです。学校の課外活動だけでなく、バンド活動をしている人もいます。この大学では昨年から初めて、筆者が担当する音楽関連の科目が開設されたようで、多くの学生諸君に歓迎されたということもうれしい驚きでした。

　本書でお話した内容の多くは、おそらく筆者にとって最後の大学となる大学での授業に多くを負っています。音楽を自らの成長の糧（かて）のひとつにするには、どうすればよいのかについて、私自身の経験からお話したことばかりです。読者の皆さんにも参考にしていただければ幸いです。

2023年6月

久保田慶一

付　録

1. 楽典

音名

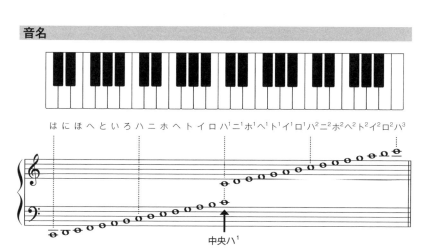

はにほへといろ ハ ニ ホ ヘ ト イ ロ ハ¹ ニ¹ ホ¹ ヘ¹ ト¹ イ¹ ロ¹ ハ² ニ² ホ² ヘ² ト² イ² ロ² ハ³

中央ハ¹

各国語の音名

英　　語	シー C	ディー D	イー E	エフ F	ジー G	エー A	ビー B
ドイツ語	ツェー C	デー D	エー E	エフ F	ゲー G	アー A	ハー H
フランス語	ユト Ut	レ Ré	ミ Mi	ファ Fa	ソル Sol	ラ Ra	シ Si
イタリア語	ド Do	レ Re	ミ Mi	ファ Fa	ソル Sol	ラ Ra	シ Si
日本語	ハ	ニ	ホ	ヘ	ト	イ	ロ

幹音と派生音

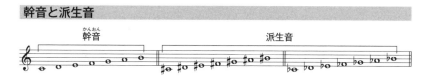

幹音（かんおん）　　派生音

音符と休符

音 符	名前	長さ	名前	音 符
o	全音符		全休符	▬
♩.	付点2分音符		付点2分休符	▬·
♩	2分音符		2分休符	▬
♩.	付点4分音符		付点4分休符	𝄼·
♩	4分音符		4分休符	𝄽
♪.	付点8分音符		付点8分休符	𝄾·
♪	8分音符		8分休符	𝄾
♪	16分音符		16分休符	𝄿

拍子

　拍子記号は、1拍に数える音符の種類を下に、1小節内の拍の数を上に書きます。

拍子の種類	2拍子系	3拍子系	4拍子系
単純拍子	2/2	3/4	4/4
	2/4	3/8	4/2
複合拍子	6/8	9/8	12/8

音程

　音の隔たりを表す音程は、次のように数えます。

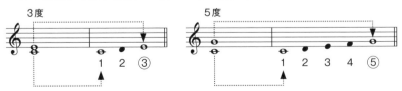

148

基本となる音程

音程の種類を示す接頭語のしくみ

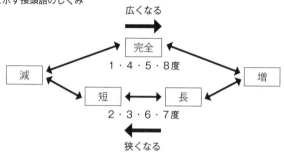

接頭語による音程の相違

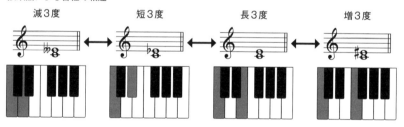

長音階と短音階

※ □ は全音を、 ⌣ は半音を示しています。
※調によって、主音その他の音の高さは変わります。

長音階

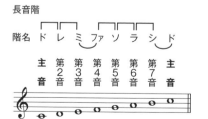

短音階（自然的短音階）

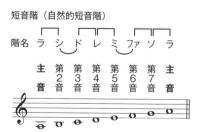

調号と主音（ドの音）

※ ○ は長調の主音を、● は短調の主音を示しています。

三和音

ある音の上に３度ずつふたつの音を重ねたものを三和音といいます。

三和音には、次の４つの種類があります。

増三和音	長3度 〔第5音〕 長3度 〔第3音〕〔根音〕	増5度	♯𝅗𝅥
長三和音	短3度 〔第5音〕 長3度 〔第3音〕〔根音〕	完全5度	𝅗𝅥

短三和音	長3度　[第5音] 短3度　[第3音][根音]	完全5度	
減三和音	短3度　[第5音] 短3度　[第3音][根音]	減5度	

速度に関する用語

	adagio	アダージョ	ゆるやかに
遅い	grave	グラーヴェ	重々しくゆるやかに
	largo	ラルゴ	幅広くゆるやかに
	lento	レント	ゆるやかに
やや遅い	andante	アンダンテ	ゆっくり歩くような速さで
	andantino	アンダンティーノ	アンダンテよりやや速く
	larghetto	ラルゲット	ラルゴよりやや速く
中	moderato	モデラート	中ぐらいの速さで
やや速い	allegretto	アレグレット	やや速く
	allegro moderato	アレグロ　モデラート	ほどよく速く
速い	allegro	アレグロ	速く
	animato	アニマート	元気に速く
	presto	プレスト	急速に
	vivace	ヴィヴァーチェ	活発に速く
	vivo	ヴィーヴォ	生き生きと速く

強弱に関する用語

ppp	ピアノピアニッシモ ピアニッシッシモ	*pp* よりさらに弱く
pp	ピアニッシモ	とても弱く
p	ピアノ	弱く
mp	メッゾ　ピアノ	少し弱く
mf	メッゾ　フォルテ	少し強く
f	フォルテ	強く
ff	フォルティッシモ	とても強く
fff	フォルテフォルティッシモ フォルティッシッシモ	*ff* よりさらに強く

2．関連音楽史年表

　「音楽史の出来事」では本書で言及された出来事のみを掲載してあります。また「世界史のできごと」についても、主なもののみを掲載してあります。

年　代	時代	音楽史のできごと	世界史のできごと
紀元前	古代	ギリシャ神話で「ミューズ」神について語られる	
		ピュタゴラス学派、音程の協和理論の発見	
		「自由学芸」の発展	
700	中世	グレゴリオ聖歌の誕生	
800			フランク帝国成立
900			
1000		グイードが「ドレミ」を考案	
1100		多声音楽の発達	十字軍遠征（1096-1291）
1200		大学で「自由学芸」が教えられる	大学の誕生
1300		計量記譜法の誕生	百年戦争（1339-1453）
1400	ルネサンス	ブルゴーニュ宮廷で音楽文化が盛んとなる	
		F.アンジェリコの「受胎告知」(1440)	
		ネーデルランド出身の音楽家がヨーロッパ全土で活躍する	
1500		ダ・ヴィンチの『モナリザ』(1503-19)	ルターの宗教改革（1517）
		楽譜の出版はじまる	
1600	バロック	イタリアでオペラが誕生	
		ケプラーの『宇宙の調和』(1613)	30年戦争（1618-48）
		フレスコバルディの『カンツォーナ』(1628)	
		レオナルダの『トリオ・ソナタ』(1693)	
1700		バッハの『平均律クラヴィーア曲集第1巻』(1722)	スペイン継承戦争（1701-13）
		機能和声論の基礎となるラモーの「和声論」(1722)	フランスで啓蒙思想が発展
	古典派	倍音の科学的証明（1753）	イギリスで産業革命
		レオポルト・モーツァルトの『ヴァイオリン奏法』(1756)	アメリカ独立宣言（1776）
		モーツァルトの『きらきら星変奏曲』(1781-2)	

年　代	時代	音楽史のできごと	世界史のできごと
		ゲーテの「魔王」(1782)	
		モーツァルトのピアノソナタ『トルコ行進曲』(1783)	
		モーツァルトの『アイネ・クライネ・ナハトムジーク』(1787)	
		モーツァルトの交響曲『ジュピター』(1788)	フランス革命がはじまる (1789)
		モーツァルト、『レクイエム』未完のまま他界 (1791)	
		オーケストラの標準的2管編成の確立	
1800	ロマン派	ベートーヴェン、難聴の克服を宣言する「ハイリゲンシュタットの遺書」(1802)	ナポレオン即位
		ベートーヴェン、『交響曲第5・6番』「運命」「田園」初演 (1808)	ウィーン会議
		シューベルトの『魔王』(1815)	
		メルツェルの「メトロノーム」(1816)	
		ベートーヴェンの『ピアノソナタ』第31番 (1822)	
		ベートーヴェン、『交響曲第9番』初演 (1824)	フランス7月革命 (1830)
		メンデルゾーンの交響曲「イタリア」(1831-3)	フランス2月革命 (1848)
		ショパンの『3つのワルツ』(作品64：1847)	ドイツ3月革命 (1848)
			イタリア統一 (1861)
			普仏戦争勃発 (1870)
			ドイツ帝国誕生 (1871)
		R. シュトラウスの『ツァラトゥストラはかく語り』(1896)	ヨーロッパ列強、植民地開拓
1900		ストラヴィンスキーのバレエ音楽『春の祭典』初演 (1913)	第1次世界大戦勃発 (1914)
	現代	ホルンボステル・ザックスの楽器分類法 (1914)	ロシア革命 (1917)
		カンディンスキーの『コンポジション VIII』(1923)	ヴァイマール共和国成立 (1919)
			ソヴィエト連邦成立 (1922)
			ヒトラー政権誕生 (1933)
			第2次世界大戦勃発 (1939-45)
		日本の新制大学の設立 (1949)	第1次オイルショック (1973-4)
			ベルリンの壁の崩壊 (1989)
			昭和天皇の崩御 (1989)
		日本の中学校で音楽科授業時間数の削減 (1999)	東西ドイツの統一 (1990)
2000		日本の中学校で和楽器の必修 (2002)	アメリカ同時多発テロ (2001)
			世界的経済危機 (2008)
			東日本大震災 (2011)
		新型コロナ感染拡大により音楽活動の自粛 (2020)	新型コロナ感染拡大 (2020)

3. 基礎音楽用語（本書に掲載された用語のみ）

あ

移動ド唱法 長調の主音を「ド」、短調の主音を「ラ」と固定して歌う方法。例えば、ト長調ではト音をドと読む。

異名同音 同一音でありながら音名が異なる双方の音。例えば、嬰ハと変ニ。

イン・テンポ テンポを一定に保つこと。

宇宙の音楽 惑星が数比に基づいて調和した運行をすることによって響かせていると考えられた音楽。実際に耳には聴こえない音楽である。

オクターヴ 振動数比が1：2の関係にある音どうしの隔たり。8度のこと。

オクターヴの同質性 オクターヴの関係にある音はよく協和して、同じ性質をもっていること。

音の三要素 音の高さ、強さ、音色という音の固有の性質のこと。音の長さは固有な性質ではないので含まれない。

音価 音の長さ。

音楽科授業 学校教育の教科として行われる音楽の授業のこと。

音楽鑑賞 古典的な音楽作品などを吟味して聴くこと。鑑賞には価値のあるものを享受するという意味をもっている。

音楽的時間 音楽作品が演奏されることによって生じる時間。物理的時間や心理的時間とは区別される。

音強 音の強さ。振動の振幅の大きさによって決まる。

音高 音の高さ。振動数によって決まる。

音色 楽器による音の性質の相違。振動の波形によって決まる。

音程 鍵盤上のふたつの音の隔たりを度数で示したもの。

音符 五線譜に置かれる位置と形で、音の高さと長さを示す符号。

音部記号 譜線が示す音高を示す記号。ハ音記号、ト音記号、ヘ音記号の3種類がある。

音名 音がもっている固有の名称。例えば、ハ¹音のように、音の種類と音の位置（音域）を示す。日本では、ハニホ…とドレミ…のふたつの音名を使用しているので注意が必要である。

か

階名 音階上の位置を示す音の名称。ドレミファソラシの7つの音節を使用する。ただし、イタリアやフランスでは、ドレミ…は音名として使用されている。

楽音 物体が周期的に振動することを音高（ピッチ）をもつ音。

楽句 2小節あるいは4小節などの比較的短い旋律の単位。楽句が結合されて楽節となる。フレーズのこと。

楽式 教育用に考案された楽曲を構成する図式。ソナタ形式やロンド形式などがある。実際の楽曲の構成とは一致しないこともある。

楽節 旋律の単位で、8小節を基本とする。8小節が結合されて大楽節を作る。

楽器分類法 楽器を分類する方法。振動体の種類によって分類するホルンボステル・ザックスの分類法がよく知られている。

合唱 人声による複数の声部を歌う演奏形態。男声合唱、女声合唱、混声合唱がある。ひとつの声部を歌う場合は斉唱。

幹音 鍵盤の白鍵に相当する音。ハニホヘト

イロ（あるいは固定ド唱法の場合はドレミファソラシ）の音名をもつ。

機能（働き）　音、和音、楽曲の部分が全体のなかでもっている役割。音階における主音・属音・下属音、和声における主和音・属和音・下属和音、楽曲における主題の提示・展開・再現などがある。実際のどのような音が鳴り響いているかは関係なく、逆に同じ音、例えば、ハ・ニ・ホ（ド・ミ・ソ）の和音も、ハ長調では主和音だが、ヘ長調では属和音になる。

気鳴楽器　ホルンボステル・ザックスの楽器分類のひとつ。管楽器など管のなかの空気柱が振動して発音する楽器。

協奏曲　独奏（複数の場合もある）と合奏とが対比的扱われる楽曲。例えばピアノ協奏曲はピアノとオーケストラの曲である。一般的には器楽曲である。

協和（音）　ふたつの音が同時に鳴り、うなりが少ない状態。ふたつの音の振動数比が単純であればよく協和する。

曲想記号　音や音楽を演奏するときに、強さや弱さ、鋭さや滑らかさなどを示す記号。例えば、フォルテ𝆑やスタッカートなど。

グレゴリオ聖歌　キリスト教の聖歌のひとつ。9世紀頃から現在の形になった。西洋クラシック音楽の発展の基礎となった。グレゴリオという名称は教会制度の確立に貢献したグレゴリオ教皇の名前に由来するが、教皇自身が聖歌を創作したわけではない。

形式　楽曲内での諸部分がつくる構造のこと。個々の楽曲によって異なり、多くの楽曲に共有された形式は「楽式」と呼ばれる。

弦鳴楽器　ホルンボステル・ザックスの楽器分類のひとつ。弦楽器など張られた弦を弓などで擦って振動させて発音する楽器。

鍵盤　梃子の原理を利用して、張られた弦を鳴らしたり、パイプの弁を開閉したりする仕組み。指で押さえる部分は「鍵（キー）」

と呼ばれ、それを盤（ボード）上に並べたものが鍵盤（キーボード）である。

交響曲　器楽曲のひとつ。オペラの序曲から発展しコンサート会場でも演奏された。一般的には3つから4つの楽章からなり、弦楽合奏やオーケストラによって演奏される。

五線譜　譜線を用いて音高を示す記譜法のひとつで、5本の譜線を使用する。グレゴリオ聖歌では四線譜が使用される。

固定ド唱法　ハ音を「ド」と固定して歌う方法。例えば、ト長調であっても、ト音はソと読む。

コードネーム　和音表記のひとつ。音名と和音の形を示す記号で、和音の構成音を示す。

コピーライト　本来はコピーする権利、つまり複製権であったが、やがて著作者や著作物を保護する権利となった。著作権を参照。

さ

三和音　3つの音からなる和音のことで、一般的には上下の音は3度間隔である。

ジャンル　芸術作品の種類。名称や区分が一定の規則に従っているわけではなく、便宜的につけられていることが多い。

主和音　音階の主音上に作られる三和音のこと。Ⅰ度の和音という場合もある。

自由七学芸　古代ギリシャに由来する教養教育のこと。代数、幾何、音楽、天文、文法、論理、修辞の7学芸からなる。自由人のためのものとされたが、やがて職業前教育さらには迷信や偏見から自由になるための教養と考えられた。

主題　楽曲を構成する中心的な旋律。近代以降では、まとまりをもち、個性的であることが求められる。

主題動機労作　主題を動機に分割して、楽曲を構成する方法。ベートーヴェン以降の作曲家が愛用した。

小節　小節線に囲まれた拍節の単位。拍子記号で示された基本となる音価の音符が含ま

れる。

小節線　拍節の単位を区切る線。線の右側の拍（音符）が重い拍となる。

情動　音などの外的刺激によって引き起こされる感情の急激な動き。例えば、ライオンの唸り声が背後から聞こえてきたときに恐怖という感情が、急激に生じる場合をいう。

諸民族の音楽　日本の学校音楽ではクラシック音楽や日本の伝統音楽以外の、世界の国々や地域の音楽。

振動数　物体が1秒間に振動する回数。振動数が多いと音は高く聞こえる。

吹奏楽　管楽器を中心とした合奏。木管楽器、金管楽器、弦楽器や打楽器によって構成される。軍楽隊やスクールバンドによって演奏される。ブラスバンドは金管バンドを意味し、金管楽器と打楽器によって構成される。

スコア（総譜）　合唱や合奏などで指揮者が使用する楽譜で、すべての声部（パート）が縦に並べて記載されている。

声種（声域）　ソプラノ、アルト、テノール、バスなど、声の性質と音域を示す用語。

声部（パート）　一定の音域内を進行する音の一貫した連続。一般には、声種や楽器に対応し、上下の声部が交叉することは避けられる。

噪音　物体が周期的に振動しないために明確な音高（ピッチ）をもたない音。騒音と書く場合もある。

族（ファミリー）　大きさ（音域）の異なる同形の楽器の一族。ソプラノ、アルト、テノール、バスなどの名称をつけて音域を示す。

速度標語　楽譜に記載されて演奏テンポを示す言葉。

属和音　音階の属音上に作られる三和音のこと。V度の和音という場合もある。

ソナタ形式　楽式のひとつ。楽曲は2部分から構成され、前半で転調し、後半部で前半

部の冒頭の調に戻ることが特徴である。前半部での転調と後半部での主調への回帰を明確にするために、主調で提示された主題と異なる性質の主題を導入したり、同じ主題を再現させたりする。

た

対位法　ひとつの旋律に別の旋律（複数）を対置させる技法。

対比　楽曲を構成する方法。まったく異質のものを対置するのではなく、なんらかの共通性が前提になる。例えば、りんごとミカンは対比であるが、りんごと犬は対比ではない。

体鳴楽器　ホルンボステル・ザックスの楽器分類のひとつ。トライアングルやカスタネットなどのように、楽器本体やその一部を振動させて発音する楽器。

チューニング　一定の方法で定められた音階の各音に、それぞれの楽器の基準となる音を同じ高さにすること。

調　音部記号によって決定される、楽曲で使用される音の集まり。例えば、ト長調とは、ト音を主音とする長音階を構成できる音の集まりで、ヘ音を常に半音上げた嬰ヘ音にしておく必要があることから、音部記号でもヘ音の譜線にシャープが付される。

著作権　著作者や著作物、さらに表演者や表演の権利を守る権利。

著作者人格権　著作者あるいは表演者としての人格を守る権利で、譲渡することはできない。例えば、著作者や表演者の許可なく、作品や演奏を改変すると、この権利を侵害したことになる。

著作隣接権　著作物を普及することに貢献する表演者の人格や表演を守る権利。例えば、CDに録音された曲を、許可なく営利目的に使用することはできない。

著作物　法律では次のように定義されている。

「思想又は感情を創作的に表現したもので
あって、文芸、学術、美術又は音楽の範囲
に属するものをいう。」たとえ子どもの描い
た絵であっても著作物であり、著作権によっ
て保護されている。

通作歌曲　すべての詩節に同一の旋律がつけ
られているのではなく、詩行に沿って旋律
が付されている歌曲。

テンポ・オルディナリオ　慣用テンポと訳さ
れる。同時代や同地域の人々に共有されて
いるテンポ。速度標語等がなくても、一定
のテンポで演奏されることが期待された。

テンポ・ジュスト　楽曲の様式や曲想に合致
したテンポ。イタリア語の giusto ジュスト
は英語のジャスト just のこと。

テンポ　楽曲を演奏する速度。速度標語また
はメトロノーム記号で示すことができる。
速度標語は絶対的な速さではなくて、演奏
されるときの気分や情緒を表現した言葉で
あることから、その意味をくみ取ることが
大切である。

トーキング・ドラム　西アフリカ地方で、話
し言葉の音調を太鼓の音で模して、遠隔の
人と伝達する方法、またはその太鼓のこと。

な

日本の伝統音楽　日本の江戸時代以前の音楽
を指す。明治時代になって西洋音楽が導入
され、邦楽と呼ばれたこともあるが、近年
では日本のポピュラー音楽の邦楽と区別し
て、日本の伝統音楽あるいは純邦楽という。

ネウマ　ヨーロッパの9世紀から使用された、
グレゴリオ聖歌等に使用された角形の音符。

は

倍音　振動数が整数倍となる音をいう。特に
楽音に部分音として含まれている音をいう。
音高となる基本音に対して、第2倍音、第
3倍音…があり、基本音の1オクターヴ上、

1オクターヴ＋5度の音となる。

拍　周期的に繰り返される音など。英語はパ
ルス pulse またはビート beat で脈拍や心拍
も拍である。

拍節　連続する拍のうち、一定の間隔で強い
拍が周期する場合、それによってグルーピ
ングされる拍のまとまりをいう。

派生音　鍵盤の白鍵に相当する音（幹音）を
半音上げ下げして得られる音のこと。例え
ば、ニ音に対して、変ニ音あるいは嬰ニ音
のこと。英語でいえば、d に対して d♭また
は d♯の音。

発想記号　曲想記号を参照。

ハルモニア　英語のハーモニー harmony の語
源。音楽的に美しい響きだけでなく、調和
がとれている状態をも意味した。

バロック・ピッチ　17世紀から18世紀に使用
された標準ピッチのこと。一般的に現代の
標準ピッチ（イ¹音＝440Hz）より低いと思
われているが（時代や地域によって異なる）、
教会のピッチは逆に高いので注意が必要で
ある。

反復　楽曲を構成する方法。同じ動機や旋律
を反復するだけでなく、反復ごとに変奏さ
れるのが一般的である。ただし変奏するの
が目的ではないので、もとの動機や旋律と
のつながりが重視される。

ピカルディの3度　18世紀以前に短調の曲を
終止する場合、最後の和音だけを長三和音
にすること。この時代までは短三和音は不
協和音と見なされていたためである。

拍子　拍がグルーピングされて拍節となり、
ひとつの拍の長さと拍節内の拍の数を示し
たもの。例えば、4分の3拍子は、3つの
4分音符が拍節を構成していることを意味
している。

標準ピッチ　世界共通で使用されるピッチで、
イ¹音が440Hz と定められているが、実際の
演奏では状況に応じて変化する。

標題　器楽曲に付された題名や詩など、音楽以外の文学的要素。特に作曲者自身が付したものを指す。例えば、ベートーヴェンの交響曲第6番の「田園」や楽章ごとに付した曲想を表現した文のことを指し、第1楽章には「田園に着いたときの晴れやかな気持ちをもって」と記されている。

不協和（音）　ふたつの音が同時に鳴り、うなりが多い状態。ふたつの音の振動数比が複雑であれば不協和になる。

譜線（ふせん）　音符の音高を示す線。音部記号によって譜線に相当する音高を示す。

普通教育　職業教育ではなく、広く自然科学、人文科学、社会科学を教える。高等学校の普通科や大学の一般教養に相当する。

フリーランス　会社などに雇用されて働くのではなく、個人が事業主となって働くこと。本来はヨーロッパ中世で国などの軍隊に所属しない騎士のこと。

プロフェッション　専門職。職業に専念することを社会に公言した職業のこと。社会から自律しているが、その分自己研鑽（けんさん）と倫理が求められる。医師、弁護士、聖職者などの職業。

変奏　もとになる旋律の音高や音程（おんてい）、リズム、調などを変容させること。

変奏曲　旋律や楽節を変奏して並列した楽曲。

ま

膜鳴楽器　ホルンボステル・ザックスの楽器分類のひとつ。太鼓などのように張られた膜を振動させて発音する楽器。

ムーシケー　ギリシャ神話のミューズの女神たちの職業の総称。ミュージックなどのヨーロッパ語の音楽の語源となった。

メトロノーム　振り子の原理を利用して、拍を正確に、かつスピード（テンポ）を調節してたたく器械。

や

4声体　ソプラノ、アルト、テノール、バスの4声部による和声のこと。4声和声ともいう。

ら

リベラルアーツ　自由学芸の意味。現代では大学の一般教養科目の意味として使用される。

ロンド形式　主題や楽節が調を交代して循環的に現れる楽式。

わ

和音　3つ以上の音のかたまり。

和音記号　音階の各構成音の上に作られる和音を、構成音の度数で示したもの。例えば、音階の第1音（主音）の上にできる和音はⅠ度和音と呼ばれる。表示にはローマ数字が使用される。

和声法　終止定型を基礎にした、和音の連結の方法。例えば、Ⅰ－Ⅳ－Ⅴ－Ⅵ－Ⅳ－Ⅱ－Ⅴ－Ⅰの場合、Ⅰ－Ⅳ－Ⅴ－Ⅵという偽終止とⅣ－Ⅱ－Ⅴ－Ⅰという完全終止が連結されている。

4．今後の勉強のために

　本書の次に読んでもらいたい本を以下に挙げておきます。筆者が執筆者、編著者、翻訳者になっているものに限定されています。

音楽基礎知識ならびに楽典関連

『音楽用語の基礎知識』（アルテスパブリッシング）

『音楽用語ものしり事典』（アルテスパブリッシング）

『名曲理解のための実用楽典』（音楽之友社）

『6か国語音楽用語辞典』（音楽之友社）

『音楽分析の歴史』（春秋社）

『記譜法の歴史』（K. パウルスマイアー：春秋社）

音楽史関連

『決定版　はじめての音楽史』（音楽之友社）

『西洋音楽史エピソード100』（教育芸術社）

『音楽史を学ぶ』（教育芸術社）

音楽一般論関連

『音楽再発見エピソード100』（教育芸術社）

『新しい音楽鑑賞』（水曜社）

『楽譜を読むチカラ』（G. マンテル：音楽之友社）

『音楽文章セミナー』（音楽之友社）

音楽とキャリア関連

『音楽とキャリア』（スタイルノート）

『新・音楽とキャリア』（スタイルノート）

『2018年問題とこれからの音楽教育』（ヤマハミュージックメディア）

『音大・美大卒業生のためのフリーランスの教科書』（ヤマハミュージックメディア）

『ティーチングアーティスト：音楽の世界に導く職業』（E. ブース：水曜社）

『音大生のキャリア戦略』（D. ベネット：春秋社）

『モーツァルト家のキャリア教育』（アルテスパブリッシング）

● 著者紹介

久保田慶一（くぼた・けいいち）

　東京藝術大学音楽学部、同大学大学院修士課程を修了。芸術学修士（1981 年東京藝術大学大学院）、音楽学博士（1999 年東京藝術大学大学院）。ドイツ学術交流会の奨学生として、ドイツ連邦共和国のフライブルク大学、ハンブルク大学、ベルリン自由大学に留学。東京学芸大学教授、国立音楽大学教授を経て、現在、東京経済大学客員教授、放送大学講師。

　著・編書には、本書の「4．今後の勉強のために」に掲載された以外に、『作曲家◎人と作品シリーズ　バッハ』、『バッハの四兄弟』、『C.P.E. バッハ研究　改訂と編曲』（以上、音楽之友社）、『エマヌエル・バッハ　音楽の近代を切り拓いた《独創精神》』（東京書籍）、『バッハ　キーワード事典』（編著　春秋社）、訳書に『レオポルト・モーツァルト　ヴァイオリン奏法』（全音楽譜出版）などがある。

14 歳からの新しい音楽入門
——どうして私たちには音楽が必要なのか

発行日　2021 年 7 月 15 日　第 1 刷
　　　　2023 年 6 月 30 日　第 3 刷

著　者　久保田慶一
発行人　池田茂樹
発行所　株式会社スタイルノート
　　　　〒 185-0021
　　　　東京都国分寺市南町 2-17-9-5F
　　　　電話 042-329-9288
　　　　E-Mail books@stylenote.co.jp
　　　　URL https://www.stylenote.co.jp/

挿　画　いだりえ
装　幀　Malpu Design（高橋奈々）
印　刷　シナノ印刷株式会社
製　本　シナノ印刷株式会社

© 2021　Keiichi Kubota　Printed in Japan
ISBN978-4-7998-0193-2　　C1073